Educação e valores:
pontos e contrapontos

Dados Internacionais de Catalogação na Publicação (CIP)
(Câmara Brasileira do Livro, SP, Brasil)

Araújo, Ulisses F.
 Educação e valores : pontos e contrapontos /
Ulisses F. Araújo, Josep Maria Puig; Valéria Amorim
Arantes, organizadora. — 2. ed. — São Paulo :
Summus, 2007. — (Coleção pontos e contrapontos)

 Bibliografia.
 ISBN 978-85-323-0335-6

 1. Desenvolvimento moral 2. Educação moral
3. Valores (ética) I. Araújo, Ulisses F. II. Puig,
Josep Maria. III. Arantes, Valéria Amorim.
IV. Título. V. Série.

06-9265   CDD-370.114

Índice para catálogo sistemático:
1. Educação em valores éticos : 370.114

Compre em lugar de fotocopiar.
Cada real que você dá por um livro recompensa seus autores
e os convida a produzir mais sobre o tema;
incentiva seus editores a encomendar, traduzir e publicar
outras obras sobre o assunto;
e paga aos livreiros por estocar e levar até você livros
para a sua informação e o seu entretenimento.
Cada real que você dá pela fotocópia não autorizada de um livro
financia um crime
e ajuda a matar a produção intelectual em todo o mundo.

Educação e valores: pontos e contrapontos

Ulisses F. Araújo
Josep Maria Puig

Valéria Amorim Arantes
(org.)

summus
editorial

EDUCAÇÃO E VALORES: PONTOS E CONTRAPONTOS
Copyright © 2007 by Ulisses F. Araújo,
Josep Maria Puig e Valéria Amorim Arantes
Direitos desta edição reservados por Summus Editorial

Editora executiva: **Soraia Bini Cury**

Assistentes editoriais: **Bibiana Leme e Martha Lopes**

Coordenação editorial: **Carlos Tranjan (Página Viva)**

Tradução dos textos de Josep Puig: **Luis Reyes Gil**

Preparação de texto: **Vera Caputo**

Revisão: **Felice Morabito e Agnaldo A. de Oliveira**

Projeto gráfico: **José Rodolfo de Seixas**

Diagramação: **Estela Squaris**

Fotolitos: **Pressplate**

Summus Editorial
Departamento editorial
Rua Itapicuru, 613 – 7º andar
05006-000 – São Paulo – SP
Fone: (11) 3872-3322
Fax: (11) 3872-7476
http://www.summus.com.br
e-mail: summus@summus.com.br

Atendimento ao consumidor
Summus Editorial
Fone: (11) 3865-9890

Vendas por atacado
Fone: (11) 3873-8638
Fax: (11) 3873-7085
e-mail: vendas@summus.com.br

Impresso no Brasil

Sumário

Apresentação – *Valéria Amorim Arantes* **9**

PARTE I – Educação e valores................. **15**
Ulisses F. Araújo
Josep Maria Puig

A construção social e psicológica dos valores –
Ulisses F. Araújo
Introdução **17**
O que são e como são construídos os valores? **19**
Teorias da complexidade e a construção de valores **28**
Procedimentos e estratégias para uma educação em valores ..**34**
   O ensino transversal **38**
   Os projetos como estratégia pedagógica **41**
   O conhecimento como rede e os princípios
   de transversalidade **43**
   A construção de relações éticas e democráticas a
   partir das assembléias escolares **47**
   As assembléias escolares **50**
   Diferentes tipos de assembléia escolar **53**
   Rompendo os muros escolares: a articulação
   com a comunidade **56**
Referências bibliográficas **62**

Aprender a viver – *Josep Maria Puig*

Introdução 65
Origem da moralidade 66
    Nem acabados nem programados 66
Quatro éticas para aprender a viver 67
    Aprender a ser 68
    Aprender a conviver 70
    Aprender a participar 72
    Aprender a habitar o mundo 74
Compartilhamos alguma qualidade moral? 76
    Aprender a viver num mundo plural,
    multicultural e global 76
    É conveniente e possível uma educação em valores
    para todo mundo?............................. 77
    Compartilhamentos mínimos: enraizamento
    e abertura para o outro 80
    Dinamismo da intersubjetividade 83
Como educar em valores? 85
    Vias educativas do enraizamento e da abertura
    para o outro 85
    Via interpessoal 85
    Via curricular 89
    Via institucional 93
Para um projeto de educação em valores 99
    Dez propostas 99
Referências bibliográficas 104

PARTE II – Pontuando e contrapondo **107**
Ulisses F. Araújo
Josep Maria Puig

PARTE III – Entre pontos e contrapontos **141**
Ulisses F. Araújo
Josep Maria Puig
Valéria Amorim Arantes

Apresentação

*Valéria Amorim Arantes**

> *Na educação moral não se trata de
> mostrar modelos, porque a reprodução,
> a cópia e a fotocópia matam a vida.*
>
> Adela Cortina, *O fazer ético: guia para a educação
> moral.* São Paulo: Moderna, 2003, p. 71

O binômio educação e valores, presente no título desta obra, remete-nos às complexas e controversas relações do ser humano consigo mesmo e com a sociedade em que vive. Compreender o que são valores e como cada um e todos os seres humanos se apropriam da cultura e se inserem eticamente no mundo faz parte do rol de preocupações daqueles interessados em estudar o citado binômio e

---

* É docente da graduação e da pós-graduação da Faculdade de Educação da Universidade de São Paulo e coordenadora do Ciclo Básico da Escola de Artes, Ciências e Humanidades da Universidade de São Paulo.

suas possíveis relações. Afinal, os valores seriam inatos, herdados geneticamente, transmitidos pela cultura ou resultariam de interações complexas entre as pessoas e o mundo/cultura em que elas vivem? Tal indagação, apesar de não ser recente, permanece atual e ocupa o centro das atenções de psicólogos, sociólogos, filósofos, educadores, pais e todos aqueles preocupados com a formação ética das novas gerações e a construção de sociedades mais justas.

E no que tange à educação moral? Como concebê-la, então?

Longe de ser algo dado de antemão, a educação moral concebida como processo de construção visa formar sujeitos que pensem, julguem, criem, critiquem, elaborem, reconheçam, decidam por si mesmos etc. Admitir essa vertente autônoma da moralidade humana não significa, porém, negá-la como produto cultural e social. Trata-se de reconhecê-la como um processo complexo, constituído de diferentes aspectos – sociais, culturais, psíquicos, políticos etc. –, e as inúmeras relações entre todos eles. É nessa perspectiva que nasce o diálogo entre os autores Ulisses Araújo, professor livre-docente da Universidade de São Paulo, e Josep Puig, catedrático da Universidade de Barcelona (Espanha), no livro que ora lhes apresento.

Seguindo a proposta editorial da coleção *Pontos e Contrapontos, Educação e valores*, este terceiro livro da série foi escrito em três etapas diferentes e complementares, e levou aproximadamente um ano para ser concluído. Na primeira, que corresponde à Parte I, cada um dos autores produziu um texto apresentando e sustentando seus pontos de vista sobre a temática em questão.

Após leitura cuidadosa e crítica sobre o texto de seu parceiro de diálogo, coube a cada um deles formular quatro questões que, de alguma maneira, pontuassem dúvidas e/ou eventuais discordâncias sobre as idéias contidas no referido texto. De posse de tais questões, era o momento de o autor esclarecer, explicar, defender, demarcar, rever, repensar e/ou reconsiderar suas idéias, com o objetivo claro de pontuar e/ou contrapor as colocações de seu interlocutor. Essa foi a segunda etapa do trabalho, cujo produto está na Parte II da obra.

Por fim, a terceira etapa do trabalho consistiu na elaboração, por parte da coordenadora da coleção e mediadora do diálogo, de quatro perguntas comuns para os dois autores. Tais perguntas, preparadas com base nos pontos convergentes e divergentes do diálogo até aquele momento, compõem, juntamente com as respectivas respostas dos autores, a Parte III da obra.

Na primeira parte do livro, Ulisses Araújo elegeu, como ponto de partida, discorrer sobre os processos psicológicos da construção de valores. Tais processos, situados na interface da psicologia com a educação, foram abordados à luz de teorias da complexidade, que sustentaram, também, suas reflexões sobre os procedimentos e estratégias educacionais. Josep Puig, por sua vez, iniciou seu texto discorrendo sobre a origem da moralidade e o concluiu apresentando-nos propostas concretas para arraigar a educação em valores nas instituições escolares. Neste percurso, instiga-nos a pensar, no contexto de uma sociedade plural, multicultural e global, na conveniência ou não de termos, na busca de uma vida melhor, critérios morais comuns. Demarca, também, os diferentes âmbitos de intervenção que um projeto de Educação em Valores deve contemplar.

Na segunda parte do livro – Pontuando e contrapondo –, entre outras questões, Ulisses Araújo sugere a Josep Puig que adentre o âmbito psicológico dos valores, interrogando-lhe sobre o seu processo de apropriação. Curiosamente, Josep Puig também o questiona sobre a mesma temática, porém centrado na dimensão afetiva do referido processo. Do ponto de vista da educação, surgem perguntas instigantes e provocativas: Josep Puig propõe a Ulisses Araújo uma reflexão sobre os riscos da transposição da teoria da complexidade e da incerteza para o campo da educação. E o faz apontando a tensão existente entre os limites da educação em valores e a responsabilidade dos docentes e discentes. O diálogo torna-se ainda mais fervoroso quando Ulisses Araújo traz, para o centro da discussão, o cruzamento da moral com a religião. Solicita então a Josep Puig que distinga, no âmbito das escolas públicas, a educação moral laica da educação moral religiosa.

No contexto dessa "teia moral", na terceira e última parte do livro – Entre pontos e contrapontos –, as indagações por mim apresentadas aos autores tiveram um duplo propósito: penetrar no diálogo de Ulisses Araújo e Josep Puig trazendo novos elementos que habitam o discurso e a ação moral e, ao mesmo tempo, retomar e entrelaçar as perspectivas por eles apresentadas sobre educação em valores.

Ora, se existe um razoável consenso de que as perspectivas de ambos os autores refletem os princípios de uma educação em valores, por que tal expressão não foi acolhida no título do livro? Cumpre-me dizer que, apesar de os autores evocarem por várias vezes, ao longo de seus escritos, a referida expressão, não me pareceu nem justo nem justificável exibi-la como título desta obra. E a razão é uma só: penso que, apesar de situar-se no campo da Educação em Valores, o debate acadêmico contido neste livro o transcende em muitos momentos.

Educação e valores: pontos e contrapontos

Cada reflexão e diálogo estabelecidos durante a produção deste volume exigiu dos autores disposição e competência para transitar por diferentes disciplinas e campos do conhecimento. Mais ainda, exigiu-lhes coragem para fazê-lo sem ter o caminho definido previamente. Parafraseando Edgar Morin, Ulisses Araújo e Josep Puig aceitaram fazer o caminho enquanto se caminha. Nesse caminhar, debateram os processos psicológicos que levam à construção de valores, a influência da afetividade em tais processos, o papel da religião na educação moral, o relativismo e o universalismo moral, o conceito de inteligência moral e, ainda, a eterna crise de valores de que algumas pessoas afirmam padecer a sociedade contemporânea. Produziram, portanto, muito mais que um texto sobre educação em valores.

O título tem, pois, o intuito de fazer jus a um diálogo construído de forma ampla e complexa. Um diálogo que aponta limites, pontos e contrapontos sobre temas fundamentais para a construção de uma educação que vise à formação ética e moral das futuras gerações. Um diálogo que nos permite relacionar educação e valores. Mas, acima de tudo, um diálogo comprometido com a busca de uma vida mais digna, justa e feliz para todos nós.

PARTE I
Educação e valores

Ulisses F. Araújo
Josep Maria Puig

A construção social e psicológica dos valores

Ulisses F. Araújo

Introdução

Escrever um texto sobre educação em valores é uma oportunidade ímpar de sistematizar idéias, projetos e pesquisas que venho publicando nos últimos anos tendo essa temática como foco central. Fazê-lo em formato de diálogo com o professor Josep Puig torna este trabalho ainda mais significativo, por ser ele um dos autores mais importantes nesse campo do conhecimento e uma das referências das minhas ações educacionais no Brasil.

Pelo próprio objeto do estudo em questão, educação e valores, embora vários caminhos pudessem ser seguidos, o texto será construído na intersecção entre a psicologia e a educação, minhas áreas de formação e de atuação acadêmica. Entendo que a psicologia fornece elementos importantes para a compreensão da natureza e da vida humana em suas relações com o mundo social, natural e cultural em que vivemos, e tais conhecimentos são ferramentas fundamentais para aqueles que se preocupam com a educação ética das novas gerações. Entender o funcionamento psicológico do ser humano e como cada pessoa se relaciona consigo mesma e com o mundo à sua volta pode ajudar na construção de procedimentos e estratégias educativas mais "eficientes" que permitam a construção efetiva de valores éticos desejáveis por uma sociedade que almeja alcançar a justiça social, a igualdade e a felicidade para cada um e todos os seres humanos.

Para atingir esses objetivos, será trilhado um caminho que se inicia com a discussão dos processos psicológicos de construção de valores. Tais processos serão abordados, na seqüência, à luz de teorias de complexidade que trazem novas perspectivas para o estudo das relações do ser humano consigo mesmo e com o mundo externo. Por fim, decorrentes do modelo conceitual adotado, serão trazidos procedimentos e estratégias educativas que permitam propiciar a construção de ambientes éticos na escola e em suas inter-relações com a comunidade de seu entorno, permeados por preocupações e ações que promovam a democracia, a cidadania e os direitos humanos.

Penso, com isso, contribuir para que a educação em valores ocorra diariamente na vida das pessoas, e não apenas por meio de ações isoladas e fragmentadas nos diversos espaços da vida social. Espero que o resultado atenda às expectativas de leitores e leitoras da obra e que sua publicação, bem como o debate que dela decorrerá, contribua para o fortalecimento da prática educativa das pessoas que entendem que a educação deve pautar-se cotidianamente em valores de democracia, de ética e de cidadania.

O que são e como são construídos os valores?

O ponto de partida para essa discussão deve ser o processo psicológico de construção dos valores. Afinal, uma grande questão que cerca esse tema é como cada ser humano se apropria de determinados valores e não de outros. Para exemplificar, por que algumas pessoas são violentas e outras não? Por que algumas vivem para servir aos demais e outras são egocêntricas e só agem em seu próprio interesse? Entender como se dão esses processos constitutivos da natureza humana é uma meta da psicologia que pode influenciar a elaboração de modelos educativos mais adequados à realidade psicológica dos seres humanos e aos objetivos da sociedade.

Minha referência inicial para essa discussão é o trabalho do psicólogo e epistemólogo suíço Jean Piaget e um texto pouco divulgado fora do meio "piagetiano", porque resulta das anotações de um curso ministrado por ele na Universidade de Sorbonne, em Paris, no ano acadêmico de 1953/54: *"Les relations entre l'affectivité et l'intelligence dans le développement mental de l'enfant"* (1954).

Ao falar de valores, Piaget refere-se a uma troca afetiva que o sujeito realiza com o exterior, objetos ou pessoas. Nesse sentido, para ele os valores e as avaliações que fazemos no cotidiano pertencem à dimensão geral da afetividade e o valor é resultado, é construído com base nas projeções afetivas que o sujeito faz sobre objetos ou pessoas.

Tentando definir em linguagem bem simples, valor é aquilo de que gostamos, que valorizamos e, por isso, pertencente à dimensão afetiva constituinte do psiquismo humano. Ainda não estamos nos referindo, portanto, a valores morais.

Em outra perspectiva, podemos assumir o pressuposto epistemológico interacionista e construtivista trazido por Piaget de que os valores são construídos nas interações cotidianas. Com esse princípio, o autor recusa tanto as teses aprioristas de que os valores são inatos quanto as teses empiristas de que eles são resultantes das pressões do meio social sobre as pessoas. Nessa concepção, de um construtivismo radical, os valores nem estão predeterminados nem são simples internalizações (de fora para dentro), mas resultantes das ações do sujeito sobre o mundo objetivo e subjetivo em que ele vive.

É essa idéia de um sujeito ativo que permite entender o princípio de que os valores são resultantes de projeções afetivas feitas nas interações com o mundo, em oposição à idéia de simples internalização dos valores, sofrida por sujeitos "passivos", moldados pela sociedade, pela cultura e pelo meio em que eles vivem. É a ação do sujeito (representada pelo princípio de projeção afetiva) que nos ajuda a entender por que duas pessoas vivendo em um "mesmo" ambiente podem construir valores tão diferentes uma da outra. Se o processo fosse de simples internalização a partir da sociedade e da cultura, teríamos maior homogeneidade nos valores das pessoas, o que não se constata na realidade.

Partindo de tais pressupostos e de outros estudos e pesquisas que venho desenvolvendo, passei a redefinir as idéias de Piaget, afirmando que os valores são construídos com base na projeção de sentimentos *positivos* que o sujeito tem sobre objetos e/ou pessoas e/ou relações e/ou sobre si mesmo. Com isso, entende-se que um sujeito pode projetar sentimentos positivos sobre: objetos (por exemplo, a escola); pessoas (por exemplo, um amigo ou o pai); relações (por exemplo, a forma carinhosa com que um homem trata uma mulher, ou um professor seus alunos); si mesmo (e aqui está a base da auto-estima).

Nessa definição, além de ampliar o espectro dos possíveis "alvos" das interações e projeções afetivas humanas (não apenas objetos ou pessoas) que poderão converter-se em valores, e de adotar o construtivismo e a ação projetiva do sujeito como pressupostos, incorporo uma valência dos sentimentos, para poder projetar tanto sentimentos positivos quanto negativos sobre objetos, pessoas, relações e sobre si mesmo.

Se o valor refere-se àquilo de que a pessoa gosta e que valoriza, a valência positiva dos sentimentos torna-se essencial para que o alvo da projeção seja considerado um valor pelo sujeito. Ou seja, uma idéia ou uma pessoa tornar-se-ão um valor para o sujeito se ele projetar sobre ela sentimentos positivos. Na direção contrária, as pessoas também projetam sentimentos negativos sobre objetos e/ou pessoas e/ou relações e/ou sobre si mesmas. Nesse caso, o que se constrói, também com uma forte carga afetiva, é o que chamamos de contravalores. Logo, os contravalores referem-se àquilo de que não gostamos, de que temos raiva, que odiamos, por exemplo.

Novamente para explicitar como se dá o processo de construção de valores, podemos imaginar como exemplo a relação de uma criança com a pessoa que cuida dela, a abraça, a alimenta, lhe dá carinho e a ouve. Existe uma grande possibilidade de que a criança projete sentimentos positivos sobre tal pessoa, que geralmente é chamada de mãe, que goste dela, e que essa mãe se torne um valor para a criança. Por outro lado, se o adulto que cuida dela o faz de maneira ríspida, violenta, sem afeto, é possível que não seja alvo de projeções afetivas positivas e, conseqüentemente, não se constitua como um valor para essa criança.

Podemos fazer uma analogia com a escola. Se a criança gosta do ambiente, se é bem tratada, respeitada, se vê sentido no que aprende ali, a instituição escolar pode se tornar alvo de projeções afetivas positivas e um valor para ela. Essa criança terá o desejo de voltar à escola todos os dias. Caso contrário, se ela é constantemente humilhada, desrespeitada, questionada em suas capacidades e competências intelectuais e sociais, é bem provável que esse espaço seja alvo de projeções afetivas negativas, que não seja valorizado, que não se constitua como um valor para ela, mas num contravalor. Nesse caso, por ser um espaço odiado, desqualificado, pode ser depredado, vandalizado, ignorado.

Para complementar a discussão e fugir do lugar-comum que vincula valores à moralidade, é importante apontar que, do ponto de vista psicológico, é possível o ser humano construir valores que não sejam morais. Tanto é que o alvo das projeções afetivas *positivas* de uma pessoa podem ser o traficante de drogas, as formas violentas de resolução de conflitos, os espaços autoritários. Embora do ponto de vista moral possamos desejar que as crianças não construam tais valores, na realidade psicológica da pessoa isso é possível e até bastante comum: o traficante, a violência e o autoritarismo são valores para alguns. Podemos pensar, por exemplo, no papel da mídia, que, empregando linguagens altamente atrativas e dinâmicas, banaliza a violência quando elege como heróis personagens que são assassinos; quando normaliza a prostituição feminina e o culto a determinados padrões estéticos; quando apresenta de forma acrítica casos de corrupção. Se tais valores são transmitidos em linguagens dinâmicas e interessantes, como a da televisão, da internet e dos videogames, e apresentados como formas legítimas para atingir os objetivos de consumo alimentados pelos jovens, podemos pensar que aumentará a probabilidade de que se tornem alvo de projeções afetivas positivas desses jovens e sejam por eles valorados.

Partindo de idéias já publicadas (Araújo, 1999; 2002) e de autores como Piaget (1954), Brown (1996), Blasi (1995) La Taille (2002; 2006) e Damon (1995), entendemos que os valores e contravalores construídos vão se organizando em um sistema de valores e se incorporando à identidade das pessoas, às representações que elas fazem de si.

Para Piaget (1954), por exemplo, originados do sistema de regulações energéticas que se estabelece entre o sujeito e o mundo externo (desde o nascimento), a partir de suas relações com os objetos, com as pessoas e consigo mesmo, os valores vão se constituindo lentamente em um outro sistema que, com o tempo, acaba se distinguindo do sistema de regulações energéticas, tornando-se mais amplo e estável. Essas valorações mais estáveis levarão os sujeitos a definir normas de ação que serão organizadas em escalas normativas de valores e, de uma certa forma, forçarão sua consciência a agir de acordo com eles.

Blasi (1995) acredita que os valores estão integrados em sistemas motivacionais e emocionais que, por sua vez, fornecem a base para a construção da identidade e do autoconceito do sujeito.

Quando a compreensão da moral adquire uma força motivacional, torna-se possível levar o indivíduo a integrar seus valores morais num sistema motivacional.

Damon (1995, p. 141) afirma que "para alguns, valores morais são, desde a infância, centrais na concepção que têm de si; para outros, a moralidade permanece periférica em relação ao que pensam ser". Na mesma direção, La Taille (1996, p. 104) diz que "a grande motivação das condutas morais seria a preservação da identidade pessoal, e a ausência de motivação ou motivação fraca para seguir regras morais seria justamente decorrente de uma identidade pessoal construída com outros valores".

Essa idéia de que os valores morais podem ser centrais ou periféricos na representação que o sujeito tem de si é muito promissora para se compreender a relação entre os valores (como elementos pertencentes ao sistema afetivo) e a ação das pessoas.

Na tentativa de sintetizar essa discussão, entendo que no processo de desenvolvimento psicológico, durante toda a vida, à medida que nossos valores vão sendo construídos, eles se organizam em um sistema. Nesse sistema de valores que cada sujeito constrói (e que no fundo constitui a base das representações de si), alguns deles se "posicionam" de forma mais central em nossa identidade e outros, de forma mais periférica. O que determina esse "posicionamento" é a intensidade da carga afetiva vinculada a determinado valor (ou contravalor) construído. Logo, nossos valores centrais são aqueles que, além de construídos com base na ação projetiva de sentimentos positivos, tem uma intensidade de sentimentos muito grande. Por outro lado, construímos alguns valores cuja intensidade de sentimentos é pequena e, por isso, estão "posicionados" na periferia de nossa identidade.

Percebe-se, portanto, que incorporamos na definição dos processos psicológicos de construção de valores não só a valência positiva, mas a constituição pessoal de um sistema de valores e o papel da intensidade dos sentimentos no "posicionamento" dos valores nesse sistema.

É evidente que a imagem criada é só uma referência, porque dá a impressão de uma visão estática dos valores, que são centrais ou periféricos. O sistema de valores de um sujeito se organiza de maneira bastante complexa e os valores jamais se projetam de modo isolado no objeto da relação. Esse modelo mais estático pode ser importante como método, como ponto de partida para a compreensão das regulações intrapsíquicas do sujeito quando interage com conteúdos específicos, mas não é suficiente para explicar a realidade cotidiana, na qual não existem conteúdos nem valores interagindo isoladamente.

Um mesmo valor (por exemplo, ser honesto) pode ser central e/ou periférico na identidade do mesmo sujeito, dependendo do conteúdo e das pessoas envolvidas na ação. Ele pode ser estritamente honesto em relação à preservação do patrimônio de seus amigos, o que o levará a sentir-se culpado ou envergonhado se furtar algo de uma pessoa próxima. E não se sentir da mesma maneira se furtar de um estranho ou se falsear em sua declaração de rendimentos para o governo. Ou ainda, tornando o quadro mais complexo, a honestidade para com os amigos pode ser um valor central hoje, mas daqui a um ano, por inúmeras razões imprevistas, passar a ser um valor periférico. Um determinado amigo pode ser um valor para uma pessoa e, depois de um desentendimento, deixar de sê-lo em pouco tempo.

Nota-se que o valor envolvido nos exemplos acima é o mesmo, mas o "posicionamento" dele na estrutura da identidade do mesmo sujeito pode variar de acordo com o conteúdo e com as relações presentes na ação, o que torna complexo o estudo dos valores e da moralidade.

Dando seguimento ao estudo do funcionamento psicológico em relação aos processos de construção de valores, em pesquisas anteriores (meu doutorado) demonstrei que as emoções e os sentimentos a que chamamos de morais, como a vergonha, a culpa e o remorso, aparecem (ou são sentidos) quando agimos e/ou pensamos contrariando os valores centrais de nossa identidade. Nesse sentido, eles atuam regulando nosso funcionamento psíquico.

Exemplificando, uma pessoa vai à farmácia comprar um remédio que custa R$ 10 e descobre que só tem R$ 9 na carteira. O cliente recebe o remédio e diz que depois voltará para pagar R$ 1. Se a honestidade é um valor central na identidade desse cliente, ele irá até sua casa, pegará moedas e voltará à farmácia para pagar o que falta. Se não fizer isso, se sentirá mal, incomodado, lembrará a todo momento a sua dívida para com a farmácia. Em geral, enquanto não voltar à farmácia para pagar o que deve, não se sentirá tranqüilo. Esse é o papel regulador dos sentimentos morais.

Da mesma forma, conhecemos pessoas que insistem em não pagar suas dívidas e não se importam nem um pouco. Não sentem nem vergonha nem culpa por ficar devendo.

No primeiro caso, a honestidade é um valor central na identidade da pessoa, o que significa que esse conteúdo tem uma forte carga afetiva para ela; já no segundo caso, a honestidade é um valor periférico, localizado à "margem" de sua identidade, com pouca carga afetiva vinculada.

Existem pessoas que sentem vergonha de um ato desonesto, mas não de ser pobres, porque valores como ter dinheiro e posição social não são centrais na identidade delas. O importante para elas é ser honestas. Há pessoas, entretanto, para as quais o importante na vida, o que elas valoram fortemente, é ter dinheiro, é estar bem vestido, é ter beleza física. Muitas vezes, para essas mesmas pessoas, a vida humana não tem valor, e, se precisarem matar para conseguir dinheiro, o farão sem nenhum sentimento de culpa ou vergonha.

É bom ressaltar que o funcionamento psicológico é bem mais complexo do que esses exemplos. Basta pensar nos milhares de coisas de que gostamos e valorizamos para perceber a intricada teia de possibilidades que constitui o nosso sistema de valores. Assim, as características do nosso sistema de valores, relativos à dimensão afetiva, são bastante flexíveis e maleáveis ou, como tenho dito, fluidas. De fato, a construção do nosso sistema de valores e da nossa identidade está calcada em princípios de incerteza e de indeterminação que fazem com que o posicionamento mais central ou periférico dos valores dependa dos vínculos destes com os conteúdos específicos.

Mais importante ainda, tais características fazem com que o nosso sistema de valores e a nossa identidade não sejam rígidos, pois podem variar constantemente em função dos contextos e das experiências. No entanto, quanto maior for a carga afetiva envolvida no valor, mais central ele se "posicionará" na identidade do sujeito e menos flexível ou fluido será.

Espero ter deixado clara a idéia central de que cada ser humano constrói um sistema de valores com base nas interações que ele estabelece com o mundo e consigo mesmo, desde o nascimento, e que tais valores são resultado da projeção de sentimentos positivos sobre objetos, pessoas, relações e sobre seus próprios pensamentos e ações.

Todos nós temos nosso sistema de valores, que é constituído por valores morais e não-morais. É importante, no entanto, diferenciar o valor moral do valor psíquico. Enquanto o segundo tipo é inerente à natureza humana e todos os seres humanos constroem seu próprio sistema de valores com base nas interações no mundo, desde o nascimento, o valor moral depende de uma certa qualidade nas interações e não é, necessariamente, construído pelas pessoas. Vincula-se à projeção afetiva positiva que o constitui, ligada ou não a conteúdos de natureza moral.

Se os valores construídos como centrais na identidade são de natureza ética, existe maior *probabilidade* de que os pensamentos e os comportamentos da pessoa sejam éticos. Ao contrário, se os valores construídos como centrais na identidade baseiam-se na violência, na discriminação etc., é *provável* que os comportamentos e os pensamentos da pessoa não sejam éticos.

Teorias da complexidade e a construção de valores

Concluí a primeira parte deste texto caracterizando o processo psicológico da construção de valores com pressupostos de incerteza e de indeterminação. Isso traz, ao mesmo tempo, desafios e abertura para novas perspectivas de compreensão, tanto do funcionamento psicológico do ser humano quanto dos reflexos profundos nas formas com que pensamos as intervenções educativas que almejam levar os sujeitos escolares a construir valores morais. Afinal, se entendermos tais processos como incertos e aleatórios, seremos obrigados a reconhecer limites em nossas intervenções educacionais e aceitar que deixamos de ter controle sobre a construção de valores, podendo, apenas, exercer influência sobre esses processos.

De fato, basta uma simples observação da realidade para perceber que o controle nunca existiu. Crianças e adultos constroem seus sistemas de valores dentro do espectro de possibilidades que a natureza, a cultura e a sociedade lhes oferecem, mas de forma não previsível. Família, escola, religião, amigos, mídia, cultura, tudo parece influenciar esse processo. No entanto, são processos caóticos não passíveis de ser determinados com antecipação. Podemos falar, no máximo, de probabilidade.

Isso nos leva a uma aproximação de teorias da complexidade, como forma de tentar entender de que maneira se dá a relação do sujeito com o mundo externo e interno, e as infinitas relações possíveis de ser construídas. Minha referência, nessa aproximação, são alguns trabalhos de Edgar Morin.

De acordo com Morin, a complexidade é um fenômeno quantitativo, ou melhor, um fenômeno que possui uma quantidade imensa de interações e interferências em um número muito grande de unidades. Compreende, porém, não só grandes quantidades de interações e unidades que desafiam nossas possibilidades de cálculo, mas também incertezas, indeterminações e fenômenos aleatórios. Para o autor,

> À primeira vista a complexidade é um tecido (*complexus*: o que está tecido em conjunto) de constituintes heterogêneos insepara-

velmente associados: apresenta o paradoxo do único e do múltiplo. Ao olhar com mais atenção, a complexidade é, efetivamente, o tecido de eventos, ações, interações, retroalimentações, determinações, acasos que constituem nosso mundo fenomênico. Assim, a complexidade se apresenta com as características inquietantes do enredado, do intricado, da desordem, da ambigüidade, da incerteza... (1997, p. 32).

Entende-se facilmente que o processo de construção de valores segue as características do mundo fenomênico citado por Morin. Afinal, em nossas interações cotidianas com o mundo externo e interno temos história, sentimentos momentâneos, valores anteriores, características do alvo da interação e milhares de outros fatores que intervêm naturalmente na relação, podendo levar ou não à construção de determinados valores e ações específicas. Um exemplo de tal complexidade pode ser o que segue.

A identidade de um determinado sujeito foi construída tendo o valor da honestidade integrado em seu núcleo central. Esse sujeito encontra-se com fome, não tem dinheiro para comprar comida e vê a possibilidade de roubar em um estabelecimento. Essa situação dilemática solicita uma ação baseada em seus valores morais e envolve aspectos intra e interpsíquicos: o valor da honestidade, construído historicamente e organizado em seu sistema de valores, contrapõe-se a uma necessidade biológica premente, amplificada pela presença perceptiva de um alimento. Neste jogo psíquico dinâmico atuam vários elementos, e a intensidade energética presente no valor em jogo (ao lado de outros valores que podem atuar simultaneamente) influi como regulador da ação a ser realizada. Como a honestidade é central para esse sujeito, ele pode não roubar para não desestabilizar seu equilíbrio psíquico ou para não ter os sentimentos morais (como vergonha e culpa) que decorrerão da ação de violar um valor que lhe é essencial. Mas tudo é relativo, dependendo da intensidade da fome e das condições externas do alimento: quem o possui; a possibilidade de ser pego, ou não, roubando; o tipo do alimento disponível. Esses são exemplos de situações que podem influir no tipo de juízo e de ação do nosso personagem. Ele pode decidir roubar ou, dependendo da situação, encontrar outras opções.

Em outro trabalho, Edgar Morin afirma que a "complexidade fundamental de um sistema é associar em si a idéia de unidade, por um lado, e a de diversidade ou multiplicidade, do outro, que em princípio se repelem e se excluem" (2002, p. 135).

Tal complexidade depende da organização, gerada pelo encadeamento das relações entre componentes ou indivíduos que produzem um sistema ou unidade complexa, dotada de qualidades desconhecidas para os componentes ou indivíduos. A organização liga de maneira inter-relacional os elementos, o que assegura a solidariedade e a solidez referentes às ligações (Morin, 2002, p. 133). Existe, portanto, uma reciprocidade circular entre inter-relação, organização e sistema.

Essa mesma relação talvez possa ser mais bem compreendida no exemplo que Morin (2002, p. 77) apresenta sobre o grande jogo, que envolve a desordem, a ordem e a organização.

> Pode-se dizer jogo porque há as peças do jogo (elementos materiais), as regras do jogo (imposições iniciais e princípios de interação) e o acaso das distribuições e dos encontros. No início, este jogo é limitado a alguns tipos de partículas operacionais,

viáveis, singulares e, talvez, a apenas quatro tipos de interação. Mas, assim como a partir de um pequeno número de letras existe a possibilidade de se formar palavras, depois frases, depois discursos, do mesmo modo, a partir de algumas partículas de 'base' se constituem, via interação/encontros, possibilidades combinatórias e construtivas que darão noventa e dois tipos de átomos, a partir dos quais pode, por combinação/construção, constituir-se um número quase ilimitado de moléculas, a seguir de macromoléculas que, combinando-se entre si, permitirão o jogo quase ilimitado das possibilidades de vida. O jogo é então cada vez mais variado, cada vez mais aleatório, cada vez mais rico, cada vez mais complexo, cada vez mais organizador.

Com base em tais pressupostos do pensamento complexo e da organização da vida, buscamos compreender a organização do psiquismo humano com toda a complexidade que lhe é inerente. O processo de construção psicológica dos valores está ancorado nessa complexidade, como no grande jogo.

Partindo dos primeiros valores construídos pela criança, à medida que ela for crescendo, interagindo de forma cada vez mais complexa com o mundo natural, social e cultural em que vive, inúmeros outros valores vão se construindo e, muitas vezes, se contrapondo. Na fase adulta, cada ser humano já construiu uma infinidade de valores que, organizados em um sistema, se combinam em uma intricada e complexa rede de relações, motivando as condutas de acordo com o contexto em que são solicitados juízos e/ou ações. Como afirma Morin, esse sistema é cada vez mais variado, cada vez mais aleatório, cada vez mais rico, cada vez mais complexo, cada vez mais organizador.

Ao mesmo tempo, o sistema de valores, na perspectiva aqui adotada, constitui a identidade de cada sujeito, o que dá a idéia de unidade, auto-organizada sobre leis caóticas, que configura um sistema. Tal sistema comporta a diversidade ou multiplicidade de valores diferentes que se repelem e se excluem ao mesmo tempo. Por isso, entendo que somente com os pressupostos da teoria da complexidade é possível compreender por que é difícil encontrar coerência entre os pensamentos e as ações dos seres humanos, e entender como valores, pensamentos e ações se contradizem nos conflitos cotidianos.

Enfim, o modelo conceitual trazido pela teoria da complexidade aponta uma nova perspectiva sobre como pode ser compreendida a construção dos valores morais e psíquicos, e sobre como são construídos sobre as inter-relações possíveis entre cada pessoa e um universo complexo de objetos, pessoas, relações e o próprio sujeito.

Com este modelo de complexidade fica evidente que os processos de construção de valores e as relações entre pensamento e ação passam a transitar em um novo universo de explicações, mais próximas de princípios de incerteza, indeterminação e acaso. Tais princípios, que são reais, contradizem as idéias deterministas e simplificadoras que geralmente dominam as explicações em psicologia e educação. Romper com o determinismo em nosso pensamento, com a certeza que queremos ter sobre o futuro, permite ver o mundo de forma diferente.

Adotar a incerteza como princípio causa insegurança de imediato, mas aí está um dos grandes avanços que o pensamento complexo possibilita. A falsa idéia que temos de predizer o futuro analisando o passado e o presente gera uma segurança que nos apazigüa momentaneamente, mesmo contra todos os indícios de que não temos controle sobre a realidade ou sobre o futuro. Se por um lado isso nos dá tranqüilidade, por outro, a certeza sobre o futuro nos impede de estar abertos para novas e enriquecedoras experiências.

Podemos buscar modelos mais simples de explicação da realidade e, no caso específico deste texto, para os processos psicológicos da construção de valores. Mas acho difícil negar o que essas novas teorias científicas vêm mostrando sobre a organização do mundo em que vivemos. Esse é o desafio atual daqueles que buscam desenvolver formas mais "eficientes", ou adequadas, de promover uma educação em valores para as novas gerações. A tarefa não é fácil, mas os caminhos estão abertos.

Procedimentos e estratégias para uma educação em valores

Na terceira parte deste texto chegamos ao momento de apresentar como conceber uma educação em valores à luz das idéias defendidas anteriormente. Antes de chegar às propostas concretas, no entanto, procurarei estabelecer alguns parâmetros de articulação entre os inúmeros pressupostos discutidos.

Um primeiro aspecto a ser ressaltado é o entendimento de que o fato de termos compreendido o processo de construção de valores como incertos e aleatórios deve significar que a escola pode buscar estratégias que aumentem a probabilidade de que determinados valores éticos sejam alvo de projeções afetivas positivas de seus alunos e possam se constituir como valores para eles. Ao entender que os valores são construídos com base nas projeções de sentimentos positivos que os sujeitos fazem sobre objetos e/ou pessoas e/ou relações e/ou sobre si mesmos, devemos considerar que a escola preocupada com a educação em valores precisa assumir uma nova forma de organização curricular, das relações em seu interior e com a comunidade de seu entorno.

Propostas educacionais coerentes com tais princípios devem buscar reorganizar os tempos, os espaços e as relações escolares por meio da inserção, no currículo e no entorno escolar, de conteúdos contextualizados na vida cotidiana de alunos relacionados com os sentimentos, as emoções e os valores éticos desejáveis em nossa cultura.

Assim, o universo educacional em que os sujeitos vivem deve estar permeado por possibilidades de convivência cotidiana com valores éticos e instrumentos que facilitem relações interpessoais pautadas em valores vinculados à democracia, à cidadania e aos direitos humanos. Com isso, fugimos de um modelo de educação em valores baseado exclusivamente em aulas de religião, moral ou ética e compreendemos que a construção de valores morais se dá a todo instante, dentro e fora da escola. Se a escola e a sociedade propiciarem possibilidades constantes e significativas de convívio com temáticas éticas, haverá maior probabilidade de que tais valores sejam construídos pelos sujeitos.

Mas não apenas isso, pois falta considerar nesse modelo o papel ativo do sujeito do conhecimento. Por isso, complementando as bases para essa educação em valores, defendo o princípio de que a construção dos conhecimentos e de valores pressupõe um sujeito ativo, que participa de maneira intensa e reflexiva das aulas; um sujeito que constrói sua inteligência, sua identidade e seus valores por meio do diálogo estabelecido com seus pares, professores, família e com a cultura, na própria realidade cotidiana do mundo em que vive. Estamos falando, portanto, de alunos que são autores do conhecimento e protagonistas da própria vida, e não meros reprodutores daquilo que a sociedade decide que devem aprender. Em suma, estamos falando de uma proposta educativa que promova a aventura intelectual, e, acredito, a concepção construtivista é a mais adequada para atingir tais objetivos.

Assumir o construtivismo como uma aventura do conhecimento pressupõe dar voz aos estudantes, promover o diálogo, incitar-lhes a curiosidade, levá-los a questionar a vida cotidiana e os conhecimentos científicos e, acima de tudo, dar condições para que eles encontrem as respostas para as próprias perguntas, tanto do ponto de vista individual quanto coletivo.

O caminho construtivista fornece a chave que permite articular os conhecimentos científicos e os saberes populares e cotidianos, propiciando condições para que os questionamentos científicos sejam respondidos à luz das curiosidades dos alunos, em suas necessidades e interesses cotidianos. De maneira específica, o construtivismo, ao reconhecer o papel ativo e autoral de alunos na construção e constituição de suas identidades, conhecimentos e valores, coloca os sujeitos da educação no centro do processo educativo. Se quisermos promover a formação ética e para a cidadania, pela introdução de temáticas que objetivam a educação em valores no cotidiano das escolas, que tentam responder aos problemas sociais e conectar a escola com a vida das pessoas, poderemos assumir a epistemologia construtivista como referencial.

Um segundo aspecto a ser abordado diz respeito à complexidade do fenômeno de construção de valores. Como discutimos anteriormente, tais processos envolvem uma infinidade de fatores e contingências não passíveis de sofrer intervenções pontuais sobre cada uma delas. Seria um equívoco pensar e agir fragmentadamente à luz de paradigmas de simplificação no enfrentamento dessa questão.

Alguém poderia pensar que o principal agente na construção de valores é a família e desenvolver um programa de educação de valores para as famílias. Outro consideraria que o problema é a falta de limites da juventude contemporânea e introduzir uma educação de valores rígida e autoritária. Ora, essas intervenções pontuais vêm sendo implementadas há milhares de anos com resultados questionáveis.

Sem negar a importância e a influência de tais fatores, à luz de teorias de complexidade podemos pensar no conceito de unidade complexa e buscar formas de intervenção social, por meio da educação, que propiciem condições para uma educação em valores que ocorra a todo momento, impregnando todas as ações da criança na escola e em seu entorno. A proposta de unidade complexa pode ser traduzida na criação de um ambiente ético de convívio, na escola e fora dela, pautado em valores como ética, democracia, cidadania e direitos humanos.

Criar esse ambiente ético na escola e em seu entorno não é tarefa simples, mas a sociedade e os educadores necessitam de metas-alvo para saber para onde devem dirigir suas ações e esforços. Penso que a criação desse ambiente possa se dar, pelo menos inicialmente, alicerçada em três tipos de ações independentes mas complementares: a) a inserção transversal e interdisciplinar de conteúdos de natureza ética no currículo das escolas; b) a introdução de sistemáticas que visam à melhoria e à democratização das relações interpessoais no dia-a-dia das escolas; c) uma articulação dessas ações com a família e com a comunidade onde vive a criança, de forma que tais preocupações não fiquem limitadas aos espaços, aos tempos e às relações escolares.

Dedicarei as próximas páginas a explicitar formas de desenvolvimento dessas ações, com exemplos de práticas em andamento em escolas brasileiras.

O ensino transversal

Como trabalhar a transversalidade e os temas transversais na sala de aula? Na concepção que adotamos, as temáticas transversais são o eixo de sustentação do sistema educacional, a sua finalidade. Aqui, os conteúdos tradicionais da escola deixam de ser a "finalidade" da educação e passam a ser concebidos como "meio", como instrumentos para trabalhar os temas que constituem o centro das preocupações sociais. Entendemos que estes conteúdos (tradicionais) estruturam-se em torno de eixos que exprimem a problemática cotidiana atual e que, inclusive, podem constituir finalidades em si mesmos, converter-se em instrumentos cujos valor e utilidade são evidenciados pelos alunos (Moreno, 1997, p. 38).

Assim, as temáticas que objetivam a educação em valores, que tentam responder aos problemas sociais e conectar a escola com a vida das pessoas, transformam-se no *eixo vertebrador* do sistema educativo, em torno do qual serão trabalhados os conteúdos curriculares tradicionais.

Essa concepção, para muitos considerada radical, pois muda o foco e o próprio objetivo da educação, pressupõe uma maneira totalmente diferente de encarar o ensino. O eixo de formação ética para a cidadania passa a ser a principal finalidade da educação. A educação em valores, a preocupação com o ensino de formas dialógicas e democráticas de resolução dos conflitos cotidianos e dos problemas sociais e a busca de articulação entre os conhecimentos populares e os conhecimentos científicos dão um novo sentido à escola.

Os temas cotidianos e os saberes populares passam a ser pontos de partida, e muitas vezes também de chegada, para a aprendizagem escolar, dando um novo sentido e significado aos conteúdos científicos e culturais trabalhados pela escola.

Trazendo situações concretas para ilustrar o que propomos, o problema de poluição do córrego que passa no meio de uma favela, por exemplo, pode ser o eixo em torno do qual serão desenvolvidos os trabalhos na escola que atende aquela comunidade. Os conhecimentos matemáticos, a língua portuguesa, a história, a geografia, os diversos conteúdos de ciências, as atividades de artes serão desenvolvidos com o objetivo de levar as crianças que ali vivem a tomar consciência das causas da poluição; a conhecer a história da ocupação daquele local pelo ser humano; a buscar o conhecimento de todos os agentes sociais envolvidos no problema e suas responsabilidades sociais e éticas; a avaliar as conseqüências para a saúde das pessoas e para o meio ambiente; a procurar caminhos sociais e políticos para a resolução do problema e para a melhoria da qualidade de vida etc.

Da mesma forma, os problemas de violência em uma escola, ou na comunidade próxima, podem ser o ponto de partida para a organização do planejamento curricular durante determinado período de tempo. Com isso a produção de textos, as pesquisas sobre dados estatísticos, as causas sociais e históricas da violência e o estudo do corpo humano seriam relacionados com a compreensão dos sentimentos dos diferentes atores envolvidos em questões de violência; a procura por caminhos dialógicos e democráticos de resolução de conflitos; os estudos sobre questões de gênero e a questão da violência doméstica; o papel do desemprego ou do egocentrismo na geração da violência etc.

Mais ainda, os conflitos ligados à sexualidade adolescente podem ser a base de um projeto bimestral que envolva todos os professores. A leitura de livros, o trabalho com as regras gramaticais, os conteúdos de ciência relacionados com o desenvolvimento do corpo e da reprodução humana, a construção social e histórica da sexualidade, as diferenças culturais da sexualidade nos diversos países, os conteúdos de economia e matemática são exemplos de temas científicos e culturais que poderiam ser usados como "meio", como instrumento para a tomada de consciência dos sentimentos e emoções em relação ao próprio corpo; do consumismo e do papel da mídia no estabelecimento de padrões de beleza; dos problemas éticos decorrentes dos estigmas e preconceitos estabelecidos pelas diferenças de valores; das DSTs e de sua prevenção etc.

Finalmente, os trinta artigos da Declaração Universal dos Direitos Humanos podem ser referência para a estrutura curricular de uma escola durante todo o ano escolar, em todas as séries. Dessa maneira, o aprendizado das operações matemáticas mais elementares, os processos de alfabetização, o estudo das plantas, o conhecimento da realidade do próprio bairro seriam utilizados para levar os alunos a conhecer e vivenciar os conteúdos específicos dos artigos desse documento, com vistas à sua formação ética e à transformação do mundo em que vivem. A importância do lazer, do direito à diversidade de pensamento e de crença, do respeito nas relações interpessoais, do direito à moradia, saúde e educação são exemplos de temáticas que envolvem a construção da cidadania e poderiam ser o eixo vertebrador do currículo escolar.

Como desenvolver o currículo partindo desses pressupostos? Incorporando os referenciais de teorias da complexidade, da transversalidade, do construtivismo e do protagonismo dos estudantes na produção de novos conhecimentos. Para isso, podemos buscar novas metáforas para representar a organização curricular, como a do rizoma ou das redes neurais, e assumir a pedagogia de projetos como um caminho possível.

Os projetos como estratégia pedagógica

A palavra "projeto" deriva do latim *projectus* e significa algo que é lançado para a frente. No caso do ser humano, ao ser lançado no mundo ao nascer ele vai se constituindo como pessoa por meio do "desenvolvimento da capacidade de antecipar ações, de eleger, continuamente, metas a partir de um quadro de valores historicamente situado, e de lançar-se em busca das mesmas" (Machado, 2000, p. 2). Para compreender seu significado geral, o autor aponta três características fundamentais de um projeto:

- A referência ao futuro.
- A abertura para o novo.
- A ação a ser realizada pelo sujeito que projeta.

Esses projetos podem ser compreendidos, também, como estratégias de ação, com três características constitutivas (Rué, 2003, p. 96):

- A intenção de transformação do real.
- Uma representação prévia do sentido dessa transformação (que orienta e dá fundamento à ação).
- Agir em função de um princípio de realidade (atendendo às condições reais decorrentes da observação, do contexto da ação e das experiências acumuladas em situações análogas).

Com os projetos, pretende-se (Hernandez, 1998, p. 73):

- Estabelecer as formas de "pensamento atual como problema antropológico e histórico".
- Dar um sentido ao conhecimento baseado nas relações entre os fenômenos naturais, sociais e pessoais que nos ajude a compreender melhor a complexidade do mundo em que vivemos.
- Planejar estratégias para abordar e pesquisar problemas que estejam além da compartimentalização disciplinar.

Se pensarmos a organização escolar com base em tais idéias, poderemos falar de uma pedagogia de projetos. Ou seja, poderemos acreditar que um caminho possível para trabalhar os processos de ensino e de aprendizagem, no âmbito das instituições escolares, pode ser por intermédio de projetos concebidos como estratégias para a construção dos conhecimentos.

De acordo com Hernandez (1998, p. 72), citando Bruner, os projetos podem ser uma peça central do que seria a filosofia construtivista na sala de aula: "Aprender a pensar criticamente requer dar significado à informação, analisá-la, sintetizá-la, planejar ações, resolver problemas, criar novos materiais ou idéias [...] e envolver-se mais na tarefa de aprendizagem".

Enfatizando que nem todas as propostas de projeto são coerentes com as características da transversalidade aqui assumida, porque podem ser trabalhadas da maneira mais tradicional possível, apresentaremos a seguir um caminho prático para a inserção dos temas transversais no planejamento pedagógico, por meio da estratégia de projetos.

O conhecimento como rede e os princípios de transversalidade

Na perspectiva de articulação entre transversalidade e interdisciplinaridade que adotamos em nosso trabalho, as ligações entre os diferentes conhecimentos não ocorrem por meio de cruzamentos pontuais entre as temáticas abordadas, pois assim se manteria a fragmentação dos conhecimentos. A novidade está em buscar a organização curricular na estratégia pedagógica dos projetos, assumindo que o avanço na compreensão da natureza, da cultura e da vida humana se dá nas ligações que podemos estabelecer entre os mais diversos tipos de conhecimento: científico, popular, disciplinar, não-disciplinar, cotidiano, acadêmico, físico, social etc. Ou seja, o "segredo" está nas relações, nos infinitos caminhos que permitem ligar os conhecimentos entre si.

Na escola, isso se traduz em projetos que tenham um *ponto de partida*, mas cujo ponto de chegada é incerto, indeterminado, pois está aberto aos eventos aleatórios que perpassam o processo de seu desenvolvimento. Isso se traduz em projetos que reconheçam o papel de autoria de alunos, mas que reforcem a importância da intencionalidade do trabalho docente para a instrução e a formação ética. Isso se traduz em uma perspectiva que reconheça a importância das especializações dos professores de matemática, de língua portuguesa, de ciências etc., mas pressupõe que estes assumam o papel dessas áreas disciplinares e suas infinitas interligações possíveis como "meio" para alcançar o objetivo maior de construção da cidadania.

Daí a importância de buscar novas metáforas iluminadoras que auxiliem a compreensão das relações existentes entre o ser humano e o mundo natural e cultural. A metáfora que procura reproduzir a organização das redes neurais e compreender os conhecimentos como uma rede de significados é um bom caminho nesse sentido.

Embora já empregue a metáfora da "rede" há um bom tempo nos projetos pedagógicos e curriculares que desenvolvo, encontrei no trabalho de Machado (1995) e em suas citações sobre as idéias de Michel Serres e Pierre Lévy a fundamentação teórica que me ajudou a compreender e transformar as ações práticas que vinha desenvolvendo.

A idéia de rede é entendida aqui como metáfora para a representação do conhecimento e possui, como material constitutivo da teia de relações, as significações. De forma resumida, Machado (1995, p. 138) afirma:

- Compreender é apreender o significado.
- Apreender o significado de um objeto ou de um acontecimento é vê-lo em suas relações com outros objetos ou acontecimentos.
- Os significados constituem, pois, feixes de relações.

- As relações entretecem-se, articulam-se em teias, em redes construídas social e individualmente, e em permanente estado de atualização.
- Em ambos os níveis – individual e social – a idéia de conhecer assemelha-se à de enredar.

Outra característica da rede é que ela "contrapõe-se diretamente à idéia de cadeia, de encadeamento lógico, de ordenação necessária, de linearidade na construção do conhecimento, com as determinações pedagógicas relacionadas com os pré-requisitos, as seriações, os planejamentos e as avaliações" (Machado, 1995, p. 140). Complementando os pressupostos que nos ajudam a compreender a metáfora da rede, Machado recorre à metáfora do hipertexto, proposta por Pierre Lévy (1993, p. 25), quando afirma que "o hipertexto é talvez uma metáfora válida para todas as esferas da realidade em que significações estejam em jogo". Aponta, então, os seis princípios que Lévy chama de conformadores do hipertexto e que podem ser transportados para caracterizar a metáfora do conhecimento como rede. São eles:

- *Princípio da metamorfose* – a rede está em constante construção e transformação e, a cada instante, pode-se alterar os feixes que compõem os nós, atualizando o desenho da rede.
- *Princípio da heterogeneidade* – os nós e as conexões de uma rede são heterogêneos, significando que existe uma multiplicidade de possibilidades de interligação entre eles. Apenas como exemplo, nessas ligações, que podem ser lógicas, afetivas, analógicas, sensoriais, multimodais, multimídias, são utilizados sons, imagens, palavras e muitas outras linguagens.

- *Princípio da multiplicidade e do encaixe das escalas* – a rede se organiza de modo "fractal", ou seja, qualquer nó ou conexão, quando analisado, pode revelar-se como sendo composto de toda uma rede, e assim por diante, indefinidamente (Lévy, 1993, p. 25).
- *Princípio da exterioridade* – a rede é permanentemente aberta ao exterior, à adição de novos elementos, a conexões com outras redes.
- *Princípio da topologia* – na rede, o curso dos acontecimentos é uma questão de topologia, de caminhos.
- *Princípio da mobilidade dos centros* – a rede não tem centro, ou pode ter vários centros que trazem ao redor de si pequenas ramificações.

O desafio passou a ser traduzir todos esses princípios em uma estratégia pedagógica de projeto que permitisse trabalhar a transversalidade na educação, articulada com a interdisciplinaridade. Com esse objetivo, passamos a orientar algumas escolas a organizar seu currículo pela estratégia de projetos, utilizando a metáfora das redes neurais[1].

Mais importante ainda, ao lado desse objetivo levamos para o cotidiano das salas de aula a preocupação com a educação em valores, com a busca de solução para os problemas sociais e a tentativa de ligar os conteúdos científicos e culturais com a vida das pessoas, definindo que os temas dos projetos deveriam estar relacionados com a Declaração Universal dos Direitos Humanos.

---

1. Mais detalhes desse trabalho podem ser encontrados em Araújo (2003).

Dessa maneira, com a escola assumindo um currículo baseado em projetos, mas tendo temáticas de ética e de direitos humanos como referências em todas as aulas e ações desenvolvidas no seu cotidiano, conseguimos que valores socialmente desejáveis impregnassem o ambiente escolar de forma que professores e estudantes fossem levados a pensar, respirar e conviver todos os dias com tais preocupações, que passaram a direcionar todas as aulas de língua, matemática, história, ciências, educação física, artes etc.

Esse é um eixo central para a construção de ambientes escolares onde a ética e as noções de democracia, cidadania e direitos humanos façam parte do dia-a-dia dos que neles convivem.

A construção de relações éticas e democráticas a partir das assembléias escolares

> Não fomos preparados para compartilhar nem para resolver com agilidade e de forma não-violenta os problemas que iam surgindo em nossas relações pessoais. Não desenvolvemos a sensibilidade necessária para saber interpretar a linguagem de nossos sentimentos. Nossa razão não foi exercitada na resolução de conflitos e tampouco dispúnhamos de um repertório de atitudes e comportamentos práticos que nos permitissem sair dignamente de uma situação. Em síntese, nossa formação nos tornou mais hábeis para lidar com o mundo físico do que com o social; aprendemos mais coisas do mundo exterior que de nossa própria intimidade, conhecemos mais os objetos que as pessoas do nosso convívio (Sastre e Moreno, 2002, p. 19).

A escola que conhecemos tem seu grau de responsabilidade nesse processo de formação que ignora a importância das relações interpessoais e dos conflitos para a formação integral dos seres humanos. Um currículo baseado apenas no mundo externo e em limitações espaciotemporais que justificam as dificuldades que se impõem ao trabalho com as relações humanas faz com que os sistemas educacionais não cumpram um importante papel que lhes é atribuído pela sociedade: a formação de cidadãos autônomos que tenham as competências necessárias para lidar eticamente com seus conflitos pessoais e sociais.

A educação baseada em propostas de resolução de conflitos está cada vez mais difundida em todo o mundo, dentro de perspectivas que buscam melhorar o convívio social e criar bases para a construção de sociedades e culturas mais democráticas e sensíveis à ética nas relações humanas. No entanto, a maioria das experiências atuais baseia-se em modelos tradicionais que utilizam arbitragens, mediações, negociações e terapias (Schnitman, D. e Littlejohn, S., 1999). Em geral, atuam sobre objetivos específicos e práticos e pautam-se em pressupostos dicotômicos de ganhar e perder nas resoluções.

Mas, como nos mostra essa autora, surgem novos paradigmas em resolução de conflitos que, baseados na comunicação e em práticas discursivas e simbólicas, promovem diálogos transformadores. Tais propostas não adotam o pressuposto de que em um conflito há sempre ganhadores e perdedores, mas que é possível a construção do interesse comum, em que todos os envolvidos ganhem conjuntamente, com uma co-participação responsável. Elas permitem aumentar a compreensão, o respeito e construir ações coordenadas que consideram as diferenças e incrementam o diálogo e a participação coletiva em decisões e acordos participativos. Por fim, acreditam na importância do protagonismo das pessoas para enfrentar os conflitos e entendem que tal processo deve enfocar não apenas as emoções, intenções e crenças dos participantes, mas também os domínios simbólicos, narrativos e dialógicos como o meio pelo qual se constroem e se transformam significados e práticas, permitindo o aparecimento de identidades, mundos sociais e novas formas de relação.

Programas educativos que assumam a perspectiva de trabalhar os conflitos e os problemas humanos como um elemento essencial de sua organização curricular podem, de acordo com Sastre e Moreno (2002, p. 58):

> Formar os(as) alunos(as), desenvolver sua personalidade, fazê-los(as) conscientes de suas ações e das conseqüências que acarretam, conseguir que aprendam a conhecer melhor a si mesmos(as) e às demais pessoas, fomentar a cooperação, a autoconfiança e a confiança em suas companheiras e seus companheiros, com base no conhecimento da forma de agir de cada pessoa, e beneficiar-se das conseqüências que estes conhecimentos lhes proporcionam. A realização destes objetivos leva a formas de convivência mais satisfatórias e à melhoria da qualidade de vida das pessoas, qualidade de vida que não se baseia no consumo, e sim em gerir adequadamente os recursos mentais... intelectuais e emocionais – para alcançar uma convivência humana muito mais satisfatória.

O trabalho com assembléias escolares complementa a perspectiva que acabamos de discutir de novos paradigmas em resolução de conflitos, pois permite, em sua prática, partindo do conhecimento psicológico de si mesmo e das outras pessoas sobre o que é preciso para resolver os conflitos, que se chegue ao conhecimento dos valores e princípios éticos que devem fundamentar o coletivo da classe. Ao mesmo tempo, evidentemente, permite a construção psicológica, social, cultural e moral do próprio sujeito, em um movimento dialético em que o coletivo transforma e constitui cada um de nós, que, por nossa vez, transformamos e ajudamos na constituição dos espaços e das relações coletivas.

As assembléias escolares

Inicio este tópico apresentando alguns pressupostos essenciais sobre os quais podemos assentar as bases das assembléias escolares, bem como a relevância delas para a construção de importantes aspectos da vida coletiva e pessoal de cada um e de todos os seres humanos: a democracia escolar e social; o protagonismo e a participação social; os valores morais e éticos; o entendimento de como as estratégias de resolução de conflitos podem contribuir para a formação ética e psíquica das pessoas e para a transformação das relações interpessoais no âmbito escolar.

Mas o que são as assembléias escolares? As assembléias são o momento institucional da palavra e do diálogo. O momento em que o coletivo se reúne para refletir, tomar consciência de si mesmo e transformar tudo aquilo que os seus membros consideram oportuno. É um momento organizado para que alunos e professores possam falar das questões que lhes pareçam pertinentes para melhorar o trabalho e a convivência escolar (Puig, 2000).

Além de ser um espaço para a elaboração e a reelaboração constantes das regras que regulam a convivência escolar, as assembléias propiciam momentos para o diálogo, a negociação e o encaminhamento de soluções dos conflitos cotidianos. Dessa maneira, contribuem para a construção de capacidades psicomorais essenciais ao processo de construção de valores e atitudes éticas.

Por outro lado, esse tipo de trabalho permite que os professores também tenham a oportunidade de conhecer melhor seus alunos em facetas que não são possíveis no dia-a-dia da sala de aula. Temas como disciplina e indisciplina deixam de ser responsabilidade somente da autoridade docente e passam a ser compartilhados por todo o grupo-classe, que se torna responsável pela elaboração das regras e pela cobrança do respeito a elas. Enfim, o espaço das assembléias propicia uma mudança radical na forma como as relações interpessoais são estabelecidas dentro da escola e, se devidamente coordenado com relações de respeito mútuo, permite verdadeiramente a construção de um ambiente escolar dialógico e democrático.

Tais objetivos são possíveis de ser atingidos quando as assembléias são institucionalizadas nos centros educativos, com periodicidades e espaços determinados para esse fim, permitindo que as pessoas dediquem uma pequena parte do tempo que passam na escola a encontros em que possam dialogar sobre os conflitos e aspectos positivos relacionados ao seu convívio.

O modelo das assembléias é o da democracia participativa, que tenta trazer para o espaço coletivo a reflexão sobre os fatos cotidianos, incentivando o protagonismo das pessoas e a co-participação do grupo na busca de encaminhamentos para os temas abordados, respeitando e naturalizando as diferenças inerentes aos valores, às crenças e aos desejos de todos os membros participantes. Com isso, nem sempre o objetivo é obter consenso e acordo, mas explicitar as diferenças, defender posturas e idéias muitas vezes opostas e mesmo assim levar as pessoas a conviver num espaço coletivo.

Entre outras coisas, o que se tenta com essa forma de trabalhar os conflitos é reconhecer e articular os princípios de igualdade e de eqüidade nas relações interpessoais presentes nos espaços de convivência humana, o que nos remete à construção da democracia e da justiça. Como isso se opera? Em um espaço de assembléia, ao se dialogar sobre um conflito é garantida a todos os membros que dela participam a igualdade de direitos de expressar pensamentos, desejos e formas de ação, ao mesmo tempo em que é garantido a cada um de seus membros o direito à diferença de pensamentos, desejos e formas de ação.

Por meio do diálogo, mediado pelo grupo na assembléia, as alternativas de solução ou de enfrentamento de um problema são compartilhadas e as diferenças vão sendo explicitadas e trabalhadas regularmente, por um longo período de tempo.

Tudo isso contribui para que, na constituição psíquica dos valores que as pessoas constroem ao participar de espaços coletivos de diálogo, se privilegiem formas abertas de compreender o mundo e a complexidade dos fenômenos humanos, e não os modelos fechados em certezas e verdades que assumem caminhos únicos e dogmáticos. Entendemos que pessoas com tais habilidades cognitivas, afetivas e sociais terão maior possibilidade de agir eticamente no mundo, ao perceberem com naturalidade as diferenças em nossas formas de agir e de pensar.

A escola e a sala de aula são espaços privilegiados para que um trabalho de formação como esse se opere. Afinal, constituem-se em um espaço público, hoje obrigatório, onde as pessoas têm de conviver durante boa parte de seu dia com valores, crenças, desejos, histórias e culturas diferentes. Em vez de se tentar homogeneizá-la eliminando as diferenças e os conflitos, podemos usar a instituição escolar para promover o desenvolvimento das capacidades dialógicas e os valores de não-violência, respeito, justiça, democracia, solidariedade e muitos outros. Mais importante ainda é não fazê-lo de forma teórica, mas na prática, a partir dos conflitos diários.

Diferentes tipos de assembléia escolar

Entendidas as necessidades cotidianas de democratização das relações escolares e o papel das assembléias no trabalho educativo, estas podem ser organizadas em três níveis distintos: nas salas de aula, na escola e entre os profissionais que atuam no espaço da escola. Seus princípios, também, podem ser facilmente empregados em uma quarta perspectiva, que são os programas que visam levar famílias e comunidades a se aproximar da escola e de seu projeto educativo. Dessa forma, em cada instituição podem ocorrer quatro tipos de assembléias simultaneamente, cada uma com objetivos específicos.

O que chamo de assembléias escolares compõe-se de assembléias de classe, assembléias de escola, assembléias docentes e assembléias da comunidade. No entanto, neste tópico apresentarei as características das três primeiras, deixando as assembléias da comunidade para o próximo tópico, quando explicarei como promover o trabalho com valores envolvendo a comunidade.

Assembléia de classe

A assembléia de classe trata de temáticas envolvendo o espaço específico de cada sala de aula. Dela participam um docente e todos os estudantes da turma. Seu objetivo é regular e regulamentar a convivência e as relações interpessoais no âmbito de cada classe por meio de encontros semanais de uma hora, e servir também como espaço de diálogo na resolução dos conflitos cotidianos.

Assembléia de escola

A responsabilidade da assembléia de escola é regular e regulamentar as relações interpessoais e a convivência no âmbito dos espaços coletivos. Dela participam representantes de todos os segmentos da comunidade escolar para discutir assuntos relativos a horários (chegada, saída, recreio), espaço físico (limpeza, organização), alimentação e relações interpessoais. De seu temário devem constar assuntos que extrapolam o âmbito de cada classe específica.

Os representantes dos diversos segmentos (por exemplo, dois de cada classe, quatro docentes e quatro funcionários) são escolhidos segundo uma sistemática de rodízio, de forma que no transcorrer do tempo todos os membros participem do processo coletivo de tomada de decisões. Sua periodicidade deve ser mensal e a coordenação ficará a cargo de algum membro da direção da escola.

Assembléia docente

A responsabilidade da assembléia docente é regular e regulamentar as temáticas relacionadas com o convívio entre docentes e entre estes e a direção, com o projeto político-pedagógico da instituição e com conteúdos que envolvam a vida funcional e administrativa da escola. Dela participam todo o corpo docente, a direção da escola e, quando possível, algum representante das secretarias de Educação ou da mantenedora.

Quando instituídas na escola, essas três formas de assembléia se complementam em processos contínuos de retroalimentação que ajudam na construção de uma nova realidade educativa. Pode-se atingir assim a dupla finalidade de promover a participação das pessoas nos espaços de decisão e democratizar a convivência coletiva e as relações interpessoais, fortalecendo a democracia participativa.

De outra maneira, a experiência de exercer distintos papéis nas assembléias, sejam elas de classe, de escola ou docentes, permite que os sujeitos as compreendam em suas diferentes dimensões e funções. Um professor que atua como coordenador de assembléia de classe um dia, no dia seguinte pode estar no papel de membro regular de uma assembléia docente e, depois, no papel de representante de seus pares na assembléia de escola. Assim terá melhores condições de saber como se sente um aluno quando exerce a função de representante, ou como uma aluna deve se comportar numa assembléia de classe quando tem de discutir um tema que afeta a coletividade, ou, ainda, de entender as responsabilidades de quem está na coordenação de uma assembléia.

Por fim, ressalto que, com as assembléias, o fato de se poder exercer papéis sociais distintos daqueles a que se está acostumado ajuda no processo de descentralização pessoal e cognitiva, tão importante para os processos de construção da ética nas relações interpessoais. Com isso, pode-se afirmar que a implementação das assembléias escolares, nos três níveis propostos, tem entre seus objetivos não só a formação de alunos e de alunas, mas também dos adultos que participam do espaço escolar.

As assembléias escolares, portanto, constituem um segundo tipo de ação que contribuirá para a criação de um ambiente ético no espaço escolar. Está dentro de uma outra perspectiva, porque atua para a consolidação de relações interpessoais mais democráticas e a construção de valores no dia-a-dia dessas relações, e não de forma conceitual ou teórica. Ao lado de um currículo baseado em projetos que impregnem a preocupação dos atores e atrizes do ambiente escolar com temáticas de natureza ética, as assembléias fornecem a base para a transformação intra e interpessoal desses sujeitos, tendo os conflitos cotidianos como matéria-prima.

Rompendo os muros escolares: a articulação com a comunidade

A construção de um ambiente ético que ultrapasse os tempos, os espaços e as relações escolares vem se impondo como ferramenta importante para que a educação seja ressignificada na contemporaneidade.

Ganha força, hoje em dia, o pressuposto de que a educação não pode mais ficar limitada aos muros escolares, mas deve se estender ao bairro e à comunidade aos quais atende, incluindo as relações com as famílias dos estudantes e as demais pessoas que convivem no entorno.

Sem abrir mão de suas especificidades como instituição responsável pela educação, entende-se que a escola deva estar em contato direto com seu entorno e com aqueles que ali vivem, de forma que a comunidade participe, dentro de suas condições e responsabilidades, dos processos educativos. Isso ajudará na construção desse ambiente ético de que estamos falando.

O cerne desta proposta é tornar os recursos da cidade, do bairro e, prioritariamente, do entorno da escola espaços de aprendizagem e de promoção e garantia de direitos, deveres e cidadania. Um documento importante para essa concepção é a "Carta das Cidades Educadoras", chamada de "Carta de Barcelona" (Gadotti, 2004), de 1990. Nesse documento, afirma-se que a cidade educadora é um sistema complexo, em constante evolução, que sempre dará prioridade absoluta ao investimento cultural e à formação permanente de sua população. Ela será educadora quando reconhecer, exercitar e desenvolver, além de suas funções tradicionais, uma função educadora, quando assumir a intenção e a responsabilidade de formação, promoção e desenvolvimento de todos os seus habitantes, começando pelas crianças e pelos jovens.

Dentre os princípios constituintes dessa carta destacamos quatro que consideramos centrais a esta proposta e os quais a cidade educadora deve favorecer: 1) a liberdade e a diversidade cultural; 2) a organização do espaço físico urbano, colocando em evidência o reconhecimento das necessidades de jogos e lazer; 3) a garantia da qualidade de vida em um meio ambiente saudável e de uma paisagem urbana em equilíbrio com seu meio natural; 4) a consciência dos mecanismos de exclusão e marginalidade que os afetam.

Tomando por referência essas discussões, acreditamos que estudar formas de ampliação dos espaços educativos, rompendo os limites físicos dos muros escolares, pode ser um bom caminho para uma educação em valores éticos e democráticos que visam à cidadania. Reforçar a importância da articulação entre sujeito e cultura/sociedade na construção da cidadania, e de relações mais justas e solidárias no seio da comunidade em que se vive pode indicar possibilidades para o desenvolvimento de ações educativas que levem a uma reorganização na forma como a escola está estruturada, tanto do ponto de vista físico quanto pedagógico.

Dessa maneira, embora trabalhemos com a ampliação dos espaços educativos, incorporando os recursos da cidade e prioritariamente do entorno da escola no desenvolvimento de projetos que contemplem a comunidade como espaço de aprendizagem, o centro das ações continua sendo a escola. Essa instituição, com seu papel social de instrução e formação das novas gerações, é a que possui os educadores capacitados ao exercício profissional da educação.

Portanto, a matriz para o desenvolvimento das ações conseqüentes desta proposta está na constituição do que chamamos de "Fórum Escolar de Ética e Cidadania"[2] nas escolas. O fórum proposto tem como papel essencial articular os diversos segmentos da comunidade, escolar e não-escolar, que se disponham a atuar no desenvolvimento de ações que mobilizem os participantes a desenvolver projetos sobre conteúdos de ética e de cidadania na escola e no bairro.

A estrutura e a composição desse fórum devem ser as mais abertas possível, sendo desejável que dele participem professores, estudantes, funcionários, diretores, famílias e membros da comunidade. De maneira geral, o fórum será responsável por organizar e desenvolver atividades e projetos relacionados a quatro grandes eixos temáticos de preocupação cidadã: ética, convivência democrática, direitos humanos e inclusão social.

De forma específica, a atuação do fórum se dará junto à direção da escola e aos membros da comunidade, para garantir os es-

---

2. Proposta baseada no "Programa Ética e Cidadania: construindo valores na escola e na sociedade", do Ministério da Educação.

paços e tempos necessários ao desenvolvimento dos projetos. Podemos citar como exemplos de atuação com a comunidade a busca de recursos para a aquisição de materiais necessários ao desenvolvimento dos projetos; a interação com especialistas em educação/pesquisa que contribuam para o melhor desenvolvimento das ações planejadas; a articulação de parcerias com outros órgãos e instituições governamentais e não-governamentais (ONGs) dispostos a apoiar as ações do projeto e a criação de propostas que promovam seu enriquecimento.

Funcionando nos moldes das "assembléias" discutidas no tópico anterior deste texto, caberá ao fórum representar a comunidade dentro da escola, por meio de ações objetivas e planejadas que permitam a articulação entre o currículo escolar e as temáticas relevantes para a comunidade na qual a escola se insere.

Assim, a presente proposta prevê ações inter-relacionadas que tenham dupla direção, para "dentro" e para "fora" da escola. As ações para "dentro" da escola são as que objetivam a implementação da pedagogia de projetos, aliada aos princípios de transversalidade e interdisciplinaridade discutidos anteriormente. Os conteúdos relacionados aos projetos desenvolvidos na comunidade serão incorporados às disciplinas específicas da escola. As ações para "fora" da escola são aquelas que promovem a articulação entre a escola e os espaços de aprendizagem de seu entorno. Desse modo, partindo dos projetos interdisciplinares e transversais elaborados em sala de aula, mas desenvolvidos fora dos muros escolares (em praças, ruas, equipamentos públicos, córregos etc.), a escola se aproximará da comunidade, utilizando seus equipamentos e espaços como fontes de aprendizagem. Além disso, ao incorporar em tais ações as pessoas que convivem nesse entorno, como familiares, profissionais que trabalham nos equipamentos públicos e os comerciantes e trabalhadores locais, é possível dar um grande passo na direção da construção do ambiente ético que estamos propondo.

Levar temáticas de ética, convivência democrática, direitos humanos e inclusão social para dentro da sala de aula, articuladas com os conteúdos tradicionalmente contemplados pelos currículos e desenvolvidas com a comunidade, pressupõe uma nova maneira de pensar o papel da escola. Essa mudança de paradigma implica a revisão dos papéis dos diferentes atores envolvidos na educação e uma abertura da escola para manter-se sensível e acolher a diversidade da população que a compõe. Assim concebida, a escola não se encerrará em si mesma, mas se tornará parte integrante da vida de seus alunos e da comunidade onde está inserida.

Esse é o sentido que podemos dar a uma educação em valores que incorpora em seus objetivos a escola, mas também a comunidade e o bairro onde ela se insere. Essa ampliação de espaços, tempos e relações no trabalho sistematizado com valores de ética, cidadania e direitos humanos deve contribuir para que estudantes, familiares, profissionais e as demais pessoas que vivem no entorno escolar se sensibilizem para a importância que tais temáticas têm para a sociedade.

Para concluir o texto que inicia o diálogo deste livro, farei uma síntese das principais idéias abordadas.

Os valores são construídos com base na projeção de sentimentos positivos que o sujeito tem sobre objetos e/ou pessoas e/ou relações e/ou sobre si mesmo. Durante toda a vida, à medida que vão sendo construídos, os valores se organizam em um sistema. Nesse sistema de valores que cada sujeito constrói, alguns deles se "posicionam" de forma mais central em nossa identidade; outros, de forma mais periférica. O que determina esse "posicionamento" é a intensidade da carga afetiva vinculada a determinado valor. As características de nosso sistema de valores são bastante flexíveis, maleáveis e mesmo fluidas, e podem variar constantemente em função dos contextos e das experiências.

Esse modelo nos leva a entender que os processos de construção de valores e de funcionamento psicológico são incertos e aleatórios, apontando limites para as intervenções educacionais: a sociedade e a escola deixam de ter controle sobre a construção de valores, limitando-se a exercer influência em tais processos. Assim, o papel da escola é buscar estratégias que aumentem a probabilidade de que determinados valores éticos sejam alvo de projeções afetivas positivas de seus alunos.

Ancorado na perspectiva de teorias de complexidade, e adotando o conceito de unidade complexa, a proposta apresentada para enfrentar essa questão é criar um ambiente ético de convívio, na escola e fora dela, pautado em valores de ética, democracia, cidadania e direitos humanos.

A criação desse ambiente pode se dar por três tipos de ação independentes mas complementares: a) a inserção transversal e interdisciplinar de conteúdos de natureza ética no currículo das escolas; b) a introdução de sistemáticas que visem à melhoria e à democratização das relações interpessoais no dia-a-dia das escolas; c) uma articulação dessas ações com a família e com a comunidade onde vive a criança, de forma que tais preocupações não fiquem limitadas a espaços, tempos e relações escolares.

Enfim, a busca de modelos educativos dialógicos, pautados em valores como democracia, justiça, solidariedade e outros mais (como aqueles presentes na Declaração Universal dos Direitos Humanos), pressupõe introduzir no dia-a-dia das escolas e das ações articuladas com a comunidade a preocupação cotidiana com valores socialmente desejáveis. Esse trabalho, no entanto, precisa ser sistematizado e intencional, de forma a ser naturalizado entre todos os membros da comunidade escolar. Isso fará com que a educação em valores deixe de ser algo pontual e esporádico, que só ocorre em aulas ou momentos específicos, e passe a ser um movimento de tal forma imbricado na rotina das escolas que será reconhecido como natural.

Referências bibliográficas

ARAÚJO, U. F. *Conto de escola: a vergonha como um regulador moral.* São Paulo: Moderna, 1999.

_____. *A construção de escolas democráticas: histórias sobre complexidade, mudanças e resistências.* São Paulo: Moderna, 2002.

_____. *Assembléia escolar: um caminho para a resolução de conflitos.* São Paulo: Moderna, 2004.

_____. *Temas transversais e a estratégia de projetos.* São Paulo: Moderna, 2003.

ARANTES, V. A. "Afetividade, cognição e moralidade na perspectiva dos modelos organizadores do pensamento". In: ARANTES, V. A. (org.). *Afetividade na escola: alternativas teóricas e práticas.* São Paulo: Summus, 2003.

BLASI, A. "Moral understanding and the moral personality: the process of moral integration". In: KURTINES, W.; GEWIRTZ, J. (eds.). *Moral development: a introduction.* Needham Heights: Allyn & Bacon, 1995.

BROWN, T. "Values, knowledge and Piaget". In: REED, E. et al. (eds.). *Values and knowledge*. Mahwah: Lawrence Erlbaum Associates, 1996.

COLOM, A. J. *A (des)construção do conhecimento pedagógico: novas perspectivas para a educação*. Porto Alegre: Artmed, 2004.

DAMÁSIO, A. *O mistério da consciência*. São Paulo: Companhia das Letras, 2000.

DAMON, W. *Greater expectations*. San Francisco: The Free Press, 1995.

GADOTTI, M.; PADILHA, P. R.; CABEZUDO, A. (orgs.). *Cidade educadora: princípios e experiências*. São Paulo: Cortez, 2004.

GEERTZ, C. *A interpretação das culturas*. Rio de Janeiro: Zahar, 1978.

HERNANDEZ, F. *Transgressão e mudança na educação: os projetos de trabalho*. Porto Alegre: Artmed, 1998.

LA TAILLE, Y. *Moral e ética: dimensões intelectuais e afetivas*. Porto Alegre: Artmed, 2006.

_____. *Moralidade e sentimento de vergonha*. In: *Anais do IV Simpósio Internacional de Epistemologia Genética*, Águas de Lindóia, 1996, pp. 103-107.

_____. *Vergonha: a ferida moral*. Petrópolis: Vozes, 2002.

LÉVY, P. *As tecnologias da inteligência: o futuro do pensamento na era da informática*. São Paulo: Editora 34, 1993.

MACHADO, N. *Epistemologia e didática: as concepções de conhecimento e inteligência e a prática docente*. São Paulo: Cortez, 1995.

_____. *Educação: projetos e valores*. São Paulo: Escrituras, 2000.

MC DERMOTT, J. J. (ed.). *The philosophy of John Dewey. Volume I: The structure of experience. Volume II: The lived experience*. Chicago: The University of Chicago Press, 1981.

MORENO, M. "Temas transversais: um ensino voltado para o futuro".

In: BUSQUETS, M. D. et al. *Temas transversais em educação.* São Paulo: Ática, 1997.

MORENO, M. et al. *Conhecimento e mudança: os modelos organizadores na construção do conhecimento.* São Paulo: Moderna; Campinas: Editora da Unicamp, 1999a.

_____. *Falemos de sentimentos: a afetividade como um tema transversal na escola.* São Paulo: Moderna; Campinas: Editora da Unicamp, 1999b.

MORIN, E. *Introducción al pensamiento complejo.* Barcelona: Gedisa, 1997.

_____. *O método 1: a natureza da natureza.* Porto Alegre: Sulina, 2002.

_____. *O método 5: a humanidade da humanidade.* Porto Alegre: Sulina, 2003.

PENAFORTE, J. "John Dewey e as raízes filosóficas da aprendizagem baseada em problemas". In: MAMEDE, S. e PENAFORTE, J. (orgs.). *Aprendizagem baseada em problemas: anatomia de uma nova abordagem educacional.* Fortaleza: Hucitec, 2001.

PIAGET, J. *Les relations entre l'affectivité et l'intelligence dans le développement mental de l'enfant.* Paris: Sorbonne, 1954.

_____. *O estruturalismo.* Rio de Janeiro: Difel, 1979.

PUIG, J. M. *A construção da personalidade moral.* São Paulo: Ática, 1998.

_____. *Democracia e participação escolar.* São Paulo: Moderna, 2000.

RUÉ, J. *O que ensinar e por quê: elaboração e desenvolvimento de projetos de formação.* São Paulo: Moderna, 2003.

SASTRE, G.; MORENO, M. *Resolução de conflitos e aprendizagem emocional: gênero e transversalidade.* São Paulo: Moderna, 2002.

SCHNITMAN, D.; LITTLEJOHN, S. (orgs.). *Novos paradigmas em mediação.* Porto Alegre: Artmed, 1999.

Aprender a viver

Josep Maria Puig

Introdução

A intenção deste capítulo é apresentar uma perspectiva sobre a educação em valores. Para isso, pareceu-nos adequado desenvolver quatro temáticas encadeadas que consideramos fundamentais e que, espero, dêem uma visão abrangente sobre esta questão. Na primeira parte, "Origem da moralidade", são apresentadas as grandes finalidades da educação em valores ou, dito de outro modo, as aprendizagens éticas fundamentais que hoje deveríamos assegurar. Na segunda parte, "Compartilhamos alguma qualidade moral?", tentaremos estabelecer os dinamismos morais que, além da óbvia diversidade valorativa que os seres humanos manifestam, provavelmente compartilhamos e podem nos ajudar a alcançar uma vida em comum melhor. Na terceira parte, "Como educar em valores?", serão analisados os diferentes âmbitos de intervenção que devem ser cobertos por um projeto completo de educação em valores. Por último, na quarta parte, "Para um projeto de educação em valores", formularemos dez propostas concretas para enraizar a educação em valores nas nossas escolas.

Origem da moralidade

Nem acabados nem programados

Nós, os seres humanos, estamos obrigados a decidir de que maneira queremos viver. Somos obrigados a isso porque vivemos no mundo em estado muito precário – nascemos inacabados e com uma grande plasticidade – e porque tampouco estamos programados – não temos um percurso vital nem um destino totalmente previstos. A origem do trabalho moral situa-se precisamente na necessidade de responder a essa indeterminação humana básica e ao leque de possibilidades que nos é oferecido pela citada abertura antropológica. Procurar uma resposta à pergunta "Como viver?" e aplicá-la à vida individual e coletiva é a tarefa central da moralidade[3].

Embora as incertezas de como responder sejam muitas, parece que em qualquer caso as decisões sobre a forma de viver deveriam apontar para uma defesa da própria vida. Viver de modo

---

3. Alberoni e Veca, 1989, pp. 153-154; Puig, 1966, pp. 14-20.

que nenhuma vida seja prejudicada nem colocada em perigo. Viver assegurando a sobrevivência física e a reprodução social, cultural e espiritual da própria vida. E, por último, viver garantindo no presente e no futuro uma otimização sustentável da vida. Viver, em suma, defendendo uma vida digna, uma vida que satisfaça às tarefas essenciais da existência humana: ter uma biografia direcionada sem menosprezar os direitos dos outros. Felicidade e justiça são as duas tarefas morais necessárias para assegurar uma *vida boa*. Duas tarefas que nem sempre é fácil precisar de modo detalhado em que consistem e que nunca acabamos de realizar completamente. Por conseguinte, "Como viver?" se converte numa pergunta eterna; numa interrogação que nossos alunos devem aprender a formular e responder procurando novas e melhores soluções.

Quatro éticas para aprender a viver[4]

À medida que respondemos à pergunta antropológica básica – como viver? –, nós, humanos, aprendemos a viver. Isto é, aprendemos a considerar e agir diante das questões essenciais que o percurso vital nos apresenta, e o fazemos com a vontade de encontrar caminhos alternativos. Queremos aprender a viver de maneira integral, sem nos limitar a nenhuma das dimensões particulares do viver. Aprender a viver exige uma educação completa, uma educação que inclua todas as facetas humanas. Uma edu-

---

4. O conteúdo desta seção faz parte do trabalho coletivo coordenado por Puig, 2005.

cação que inclua os principais âmbitos da experiência humana e a aprendizagem ética que cada um deles pressupõe: aprender a ser, aprender a conviver, aprender a participar e aprender a habitar o mundo[5].

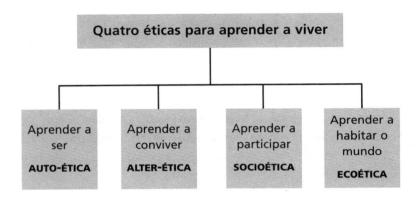

Aprender a ser

Neste ponto nos referimos ao trabalho formativo que cada indivíduo realiza consigo mesmo para liberar-se de certas limitações, para construir uma maneira de ser desejada e para conseguir o maior grau possível de autonomia e de responsabilidade. No fato de aprender a ser há uma dupla tarefa: fazer-se como cada um deseja e utilizar a própria maneira de ser como ferramenta para tratar das questões que a vida apresenta.

---

5. Citar todas as obras relevantes para cobrir estes quatro tipos de aprendizagem ética seria uma tarefa interminável. Portanto, vamos nos limitar à resenha de algumas poucas obras significativas para justificar a apresentação que propomos: Delors, 1996; Jonas, 1995; Morin, 2004.

Quando se enfraquecem as certezas sobre o que é correto e o que não é, quando a pluralidade moral torna mais difícil orientar a própria conduta, quando em muitas áreas impõem-se a superficialidade e a aparência em detrimento da vida interior e do sentido daquilo que se faz, é mais necessário que nunca construir uma ética pessoal que reforce a individualidade como instrumento de valoração e condução. Aprender a ser é construir uma ética de si mesmo: a auto-ética. Uma ética que não deve ser entendida como forma de egoísmo ou de individualismo, mas como produto de condições históricas que permitem maiores graus de individualização em oposição à pressão uniformizadora das éticas tradicionais de caráter heterônomo.

O que se quer com aprender a ser é edificar uma ética pessoal que inclua, pelo menos, os seguintes aspectos: primeiro, a formação de um pensamento autônomo e crítico que permita constituir um critério próprio e seja capaz de determinar por si mesmo o que se deve fazer nas diferentes situações vitais, edificar a autonomia e a responsabilidade; segundo, desenvolver a sensibilidade moral que predispõe a indignar-se diante daquelas situações consideradas inaceitáveis e gerar reservas de motivação para provocar o compromisso, colocar à disposição os sensores e os motores morais; terceiro, construir as capacidades que regulam a própria conduta ou disponibilizam as forças que nos ajudarão a orientar a conduta de acordo com os próprios critérios, reforçar a vontade e a auto-regulação; quarto, exercitar as capacidades de auto-observação que incrementam a transparência e a coerência, assim como potencializar o trabalho sobre si mesmo para edificar uma maneira de ser que permita um alto nível de amor-próprio, modelar o caráter; e quinto, incrementar a consciência de si mesmo e a harmonia com o mundo por meio de um trabalho de interiorização propiciado pela contemplação artística, a meditação, o relaxamento ou por outras mediações que ajudem a desenvolver a vida espiritual.

Aprender a conviver

Esta parte aponta para a tarefa formativa a ser levada a cabo para superar a tendência à separação e ao isolamento entre pessoas, para se recuperar do excesso de individualismo que valora tudo em função do interesse próprio, para abandonar as imagens do outro que o representam como um objeto e que convidam a usá-lo como se faz com todos os demais objetos. Aprender a conviver é uma tarefa educativa que pretende liberar os indivíduos dessas limitações, ajudando-os a estabelecer vínculos baseados na abertura e na compreensão dos demais e no compromisso com projetos a ser realizados em comum.

Outra forma de expressar o objetivo da aprendizagem da convivência é tentar limitar o egocentrismo inevitável dos seres humanos e reforçar as tendências altruístas. Quando o egocentrismo prevalece, as diferenças em relação aos outros são exageradas e facilmente se transformam em hostilidade e exclusão. Em contrapartida, ao prevalecer o altruísmo intensifica-se a identidade comum que, sem apagar as diferenças, predispõe à ajuda mútua e gera sentimentos de afeto e fraternidade. Aprender a conviver é edificar a ética da alteridade, uma ética relacional preocupada em criar vínculos entre as pessoas: uma alter-ética.

Como temos dito, aprender a conviver pressupõe estabelecer vínculos pessoais baseados na abertura e na compreensão, é proceder à descoberta do outro que permita tratá-lo humanamente.

E, portanto, colocar-se no lugar dele e compreendê-lo a partir de dentro. A capacidade de experimentar em si mesmo os sentimentos do outro, distinguindo-os dos próprios, e conhecer as razões e os valores alheios sem confundir-se com eles é um dos núcleos básicos da aprendizagem da convivência. Um núcleo por meio do qual se torna possível desenvolver relações de acolhida, atenção e apoio; facilitar o reconhecimento da pessoa e da cultura do outro; incrementar a aceitação, a tolerância e a compreensão, entendida primeiro como conhecimento e depois como captação do que significam as coisas para o outro; gerar relações de amizade e afeto; e, finalmente, predispor-se a substituir o rancor e a vingança pelo perdão. Numa ordem diversa, a abertura para o outro prepara o caminho para a relação cortês e as boas maneiras, qualidades que ajudam muito a desfazer a hostilidade e criar relações cordiais.

Por outro lado, aprender a conviver também supõe comprometer-se a colaborar em projetos comuns. Não se trata apenas de chegar a entender cognitivamente o outro, mas também de se aproximar dele pelo caminho da ação conjunta.

Uma das melhores maneiras de incrementar a compreensão e o reconhecimento do outro é compartilhar projetos de ação que aproximem os objetivos dos participantes e os convidem a realizar tarefas comuns. Além disso, a realização de projetos de colaboração é a demonstração mais clara de que se chegou a um alto nível de convivência. A antítese da separação e do isolamento é o compromisso num trabalho compartilhado. Atualmente, podemos afirmar que trabalhar em grupo e colaborar em projetos transformou-se num valor ético, educativo e econômico de primeira magnitude.

Aprender a participar

A terceira tarefa de aprender a viver está centrada na aprendizagem da vida em comum. Um processo que consiste em fazer parte de uma coletividade alcançando um bom nível de *civismo*, ou respeito pelas normas e hábitos públicos, e convertendo-se num *cidadão* ativo. Isto é, ser uma pessoa capaz de exigir os direitos que lhe correspondem e ao mesmo tempo sentir a obrigação de cumprir os deveres e manifestar as virtudes cívicas necessárias que contribuam para a organização democrática da convivência. Portanto, a aprendizagem da vida em comum é o esforço para ser um membro cívico e um cidadão ativo numa sociedade democrática e participativa.

Quando o controle das decisões sobre como se deve viver se afasta cada vez mais e se torna mais inacessível; quando uma sociedade altamente diversa se fragmenta e se separa; quando o multiculturalismo e a globalização abalam as formas estabelecidas de integração social e de formação da identidade; ou quando o saber da tecnociência contribui para desfazer a opinião pública e tirar dos cidadãos o controle sobre as decisões significativas, torna-se absolutamente imprescindível edificar uma ética cívica que permita a construção de um espaço comum, no qual seja possível participar da formação de uma opinião pública bem informada e da decisão e realização de projetos cívicos. Aprender a participar é trabalhar por uma ética cívica que nos torne cidadãos: uma socioética – a arte sem receitas que vale a pena praticar, conscientes de que os outros podem estar com a razão.

Para que seja possível a plena participação cívica, são necessárias algumas condições que não dependem inteiramente da educação, mas que sem ela se tornam impossíveis. Em primeiro lugar, a participação contrapõe-se à dependência e à incapacidade. Participar pressupõe ser livre num duplo sentido: não estar submetido a nenhuma forma de dominação e ser capaz de utilizar os recursos necessários para intervir na vida pública. Em segundo lugar, a participação não se esgota nas votações, mas se expressa de forma plena na deliberação que procura conjuntamente as melhores opções, avalizadas por boas razões e sustentadas pela anuência dos implicados no assunto que está sendo debatido. Em terceiro lugar, a participação pressupõe uma democratização real do conhecimento; o saber não é uma propriedade privada dos especialistas nem um produto acadêmico inerte que é transmitido aos jovens. O saber é um elemento ativo que deve nos permitir formar uma opinião o mais fundamentada possível sobre as questões que nos afetam. O saber tem de servir para entender melhor o mundo e ser um elemento a mais na valoração e na decisão das questões que nos afetam. Finalmente, em quarto lugar, participar pressupõe certas virtudes: não é possível que a participação democrática esteja viva sem a força exercida pelas virtudes dos cidadãos ativos. Sem o compromisso com os interesses do conjunto da sociedade não é possível participar corretamente, mas também são necessárias outras virtudes, como a solidariedade, a responsabilidade, a tolerância e o profissionalismo.

Não podemos encerrar esta parte sobre a aprendizagem da convivência sem falar de duas questões que hoje são fundamentais: a convivência multicultural e a convivência planetária. A primeira questão pede um duplo esforço: detectar valores comuns às diferentes culturas e favorecer a criação de novas formas de convivência. Quanto à segunda questão, a convivência planetária, ela nos coloca um dilema bem conhecido: somos a favor de uma cidadania local ou de uma cidadania cosmopolita? Ensinamos o enraizamento ou defendemos que a primeira lealdade tem de ser para com a humanidade? Muito provavelmente não convém optar, mas advogar por um cosmopolitismo arraigado: pensar no conjunto da humanidade sem perder, no entanto, os vínculos de pertinência ao espaço local.

Aprender a habitar o mundo

Nesta quarta e última parte propomos um trabalho educativo que vá um passo além do que já dissemos anteriormente e estabeleça reflexivamente em cada jovem uma ética universal da responsabilidade pelo presente e pelo futuro do homem e do planeta. Uma ética da preocupação e do cuidado com a humanidade e com a natureza, totalmente imprescindível num momento em que a globalização abraça todos os âmbitos da vida e a crise ecológica também se generalizou de maneira implacável por todos os cantos do planeta.

Falamos de uma ética que não queira definir uma forma precisa de viver que todo mundo deveria adotar, mas de um conjunto de princípios mínimos e de critérios de reflexão que ajude a aproximar posições e entrar em acordo quanto a posturas. Trata-se de uma ética com vontade de universalidade, mas entendendo-a como a busca concreta de pontos de vista aceitáveis que nos ajudem a pensar numa forma de vida que seja justa e sustentável para o conjunto da humanidade. À medida que forem rompidos os vínculos dos humanos com a natureza, é imprescindível recuperá-los de maneira reflexiva e voluntária, ou seja, torná-los um tema ético. Hoje, aprender a viver é também aprender a refazer a relação com a natureza, a fim de salvá-la e salvar a nós mesmos.

Quando a promessa de felicidade e de progresso sem fim que nos propunham a ciência e a técnica se converteu numa ameaça para a natureza e para nós mesmos, quando a visão antropocêntrica e dominadora dos seres humanos submeteu a natureza a uma exploração sem piedade, quando não é exagerado anunciar a ameaça de uma sucessão de catástrofres ecológicas por todo o planeta, torna-se necessário pensar numa ética da responsabilidade que ajude a reconstruir a harmonia e o equilíbrio do mundo natural. Aprender a habitar no mundo é adotar uma ética global e ecológica: uma ecoética.

A ética da responsabilidade pressupõe implantar a preocupação com as condições futuras da vida humana. De modo mais exato, a ética da responsabilidade implica ensinar aos jovens que é preciso pensar nas conseqüências previsíveis de nossos atos em relação à natureza, a fim de assegurar o futuro. Só é legítimo atuar de maneira que os efeitos sobre a natureza sejam compatíveis com a permanência de uma vida humana autêntica sobre a Terra. Essa é uma ética preocupada com o futuro, com as gerações que ainda não chegaram, com as condições de vida que legaremos a elas e com a própria natureza. É preciso inocular responsabilidade por nós mesmos, pelos que estão por vir e pelo conjunto do planeta Terra.

Aprender a habitar o mundo significa modificar muitos hábitos da vida cotidiana que não cabe aqui detalhar, mas vamos nos centrar em algumas recomendações gerais das quais todos devem estar conscientes: primeiro, todos fazemos parte da humanidade e estamos atados a um destino comum; segundo, a humanidade precisa colocar limites à sua expansão material e buscar um progresso psíquico, moral e espiritual; terceiro, formamos uma unidade com a natureza e estamos ligados à sua sobrevivência; quarto, temos de controlar reflexivamente o futuro, mas não podemos controlá-lo totalmente, nem devemos tentar fazer isso; e, por fim, temos de nos responsabilizar por nossos atos para assegurar a vida das gerações futuras. Aprender a viver é reaprender uma maneira sustentável de habitar o mundo.

Compartilhamos alguma qualidade moral?

Aprender a viver num mundo plural, multicultural e global

Hoje, a situação a partir da qual temos de responder à pergunta sobre a maneira de viver pode ser caracterizada por um fato fundamental: a ampliação da diversidade moral. Com relação a este fato, a ampliação da diversidade moral, somos da opinião de que se produziu um passo que vai além do pluralismo moral ao qual estávamos acostumados na maioria das sociedades abertas e democráticas. Nessas sociedades havíamos passado de um código moral único, encarnado habitualmente pela religião, para um *pluralismo moral* que reconhecia a diversidade de pontos de vista morais que podiam conviver numa mesma comunidade. Este fenômeno de secularização e pluralidade representa um primeiro passo suficientemente conhecido de diversificação moral. Mais recentemente, no entanto, estamos vivendo um novo aumento da diversidade moral.

Referimo-nos ao fenômeno do *multiculturalismo*, que tem propiciado o incremento dos pontos de vista morais e das posições culturais num mesmo espaço geopolítico, e ao fenômeno da *globalização*, que de fato converteu todas as posturas culturais e morais da humanidade em vozes implicadas na definição de uma maneira comum de viver[6]. Dito com a maior simplicidade, consideramos que, hoje, o desafio moral é aprender a viver – aprender a ser, conviver, participar e habitar no mundo – numa situação de extrema diversidade moral.

O convívio entre pessoas com diferentes crenças morais apresenta sempre pelo menos duas interrogações: a primeira, é necessário que elas compartilhem alguns critérios morais que lhes facilitem a vida em comum, ou será que a convivência pode ser assegurada de outras formas?; e a segunda, caso pareça conveniente compartilhar algo, é de fato possível estabelecer algum critério reconhecido por todos ou isso se torna impossível quando se parte de pontos de vista morais e processos de socialização diferentes?

É conveniente e possível uma educação em valores para todo mundo?

Agora, a questão que se coloca é a seguinte: que estratégia queremos e podemos seguir para nos conduzir em situações de alta diversidade moral? É conveniente ter critérios morais comuns? É possível chegar a tê-los, e por meio de que procedimento podemos conseguir isso?

Em relação à conveniência de ter ou não critérios morais comuns, a alternativa é clara: se não contarmos com critérios comuns que regulem a convivência de maneira desejada – seja

---

[6]. Entre as muitas obras que abordam estes assuntos, gostaríamos de assinalar algumas: Cortina, 1998; Bilbeny, 2004; Serrano, 2004; Küng, 1990.

no âmbito da família, da escola, da sociedade ou do conjunto do planeta –, parece que não nos resta outro caminho a não ser a ação política estratégica e, ao final, a força. E não parece recomendável limitar os procedimentos de regulação da convivência à estratégia e à força. Não é desejável fazê-lo em nenhuma instância da vida humana.

Se admitimos que seria conveniente contar com alguns critérios morais comuns, temos de ver se é possível determiná-los e por meio de que procedimentos se pode conseguir isso. Alguns, no entanto, acham totalmente impossível e sequer aceitam a conveniência de tentar (e se o fazem é para acabar reconhecendo que se trata de uma ilusão impossível): os valores são uma coisa relativa, própria de cada sujeito e quase impossíveis de harmonizar – o paradigma da clarificação de valores iria nessa direção; ou, então, as culturas e seus critérios morais seriam incomensuráveis, de forma que é impossível pensar em algum tipo de entendimento intercultural ou critério moral universal. Portanto, é melhor reforçar tanto quanto seja possível a própria cultura e moralidade[7].

No entanto, outros não pensam do mesmo modo e acreditam ser possível alcançar algum tipo de ponto de vista moral compartilhado. Os procedimentos habituais para tanto são de dois tipos: um é tentar determinar o que é compartilhado pelos indivíduos ou pelas culturas, apesar das diferenças, ou seja, os valores mínimos aparecem de maneira reiterativa[8]; outra postura, que obvia-

---

7. Huntington, 1997.
8. Walzer, 1994.

mente também reconhece e aceita as diferenças entre indivíduos e culturas, postula a possibilidade de se chegar a algum tipo de acordo sobre alguns princípios morais muito gerais ou sobre os procedimentos para tratar de problemas morais. O acordo deveria se fundamentar em uma realidade comum a todos os seres humanos da qual derivasse um tipo de produção moral que pudéssemos compartilhar[9].

Em síntese, acredito que podemos aceitar a diversidade como fato e como valor, mas também temos de reconhecer que existem momentos de difícil entendimento e aparente incomensurabilidade cultural, embora esses momentos não expressem o que é mais próprio dos seres humanos e das culturas. Portanto, parece-nos possível detectar coincidências nos valores e, principalmente, nos comprometermos a trabalhar a fim de construir pontos de vista comuns a partir de dinamismos morais compartilhados.

No que se refere à educação moral e cívica, que deveria ser oferecida pela escola, se a nossa posição estiver correta, devemos pensar que, em situações de alta diversidade, ensinar a ser e a conviver pede trabalho para que a educação: 1) permaneça aberta à diversidade de pontos de vista morais e às perspectivas culturais dos alunos; 2) reconheça a coincidência de alguns valores recorrentes e de um amplo acordo que estabeleça uma base educativa mínima; 3) forme as disposições morais comuns de maneira a convertê-las em procedimentos morais para enfrentar os desafios do presente.

---

9. Apel, 1991; Habermas, 1998b; Boff, 2001; Rawls, 2001.

Compartilhamentos mínimos: enraizamento e abertura para o outro

Se defendemos uma educação em valores que tenha um núcleo comum para todo mundo, será necessário estabelecer uma realidade compartilhada sobre a qual possamos fundamentar a proposta. Portanto, a questão básica deste capítulo pode ser formulada dizendo que estamos procurando alguma realidade que seja comum a todos os seres humanos, independentemente das circunstâncias históricas e socioculturais. Uma realidade humana universal que permita detectar dinamismos morais compartilhados que ajudem a conduzir a vida moral individual e harmonizar a convivência coletiva.

Partindo de uma perspectiva educativa, pensamos que "o que é compartilhado" nos dará base suficiente para construir uma proposta de educação em valores para todo mundo, o que não significa uma educação uniforme, mas unicamente uma educação com um fundo comum.

O que compartilhamos se não compartilharmos religião, metafísica ou projeto político? O que compartilhamos se num mundo multicultural e global a adesão a uma sociedade – que tampouco é homogênea – não nos dá nenhuma segurança moral universalizável? O que compartilhamos se a confiança em um eu originário e fonte de certeza moral tornou-se também tão discutível? Temos alguma coisa em comum que nos permita construir um projeto moral para todos, ou teremos de nos conformar com a universalidade do proveito econômico e do relativismo moral e cultural?

No entanto, parece que nós, humanos, partimos de uma experiência inicial que é universalmente compartilhada que poderia ser qualificada de imersão ou de vinculação com o mundo natural e sociocultural. Uma experiência que pode nos servir de fundamento moral mínimo, mas suficiente para construir uma proposta educativa para todo mundo. Essa primeira experiência de vinculação pode ser concretizada em duas abordagens complementares: o enraizamento a uma forma de vida particular e a abertura para o outro.

Em primeiro lugar, nós, seres humanos, partimos de uma primeira realidade comum: estamos arraigados a uma forma de vida particular. Ninguém escapa à fusão em um mundo vital, embora seja evidente que existe uma multiplicidade de mundos vitais. Portanto, é universal a imersão em uma maneira de viver e é universal a diferença no conteúdo material da socialização. Ou seja, compartilhamos a necessidade de pertencer a uma maneira particular de entender o mundo. Não há possibilidade de romper a socialização num *ethos* moral singular, e não é nada recomendável tentar fazer isso[10].

Este primeiro aspecto, o enraizamento universal a diferentes conteúdos de socialização, nos abre para obrigações morais bem claras e para tarefas educativas consideráveis. Pede-nos o reconhecimento e o respeito às diferentes formas de vida e a pontos de vista morais; pede-nos também um esforço de compreensão das diferentes posturas; e, finalmente, pede-nos uma vontade de crítica e de autocrítica que torne possível a aprendizagem moral interpessoal e intercultural. Portanto, trata-se de valorizar o uso moral da pluralidade e as diferenças.

---

10. Garcia Gómez-Heras, 2000.

Em segundo lugar, nós, seres humanos, partimos de outra realidade comum: estamos abertos à criação de laços com os demais. De fato, desde o primeiro olhar da mãe para o seu bebê, para chegar a ser e para ajudar a ser é imprescindível viver uma variedade de relações intersubjetivas. Nós, humanos, não nos fazemos na solidão, mas junto com os demais. Sair de si mesmo a fim de estabelecer uma relação correta com os outros é, ao mesmo tempo, uma necessidade imprescindível e uma exigência moral. Portanto, podemos partir de uma intuição suficientemente clara: a princípio não temos um eu originário, isolado e todo-poderoso, mas estamos em relação com os demais e dependemos dos vínculos que estabelecemos[11].

Este novo aspecto comum, a abertura universal para o outro, nos leva ainda a deveres morais e a tarefas educativas. Permite-nos extrair, da idéia de abertura para o outro, o núcleo da moralidade. Reconhecemos no outro uma obrigação moral; de fato, descobrimos na relação com o outro a estrutura da moralidade. Uma estrutura que se expressa na necessidade de reconhecer o outro, de colocar-se no lugar dele, de incluí-lo em nossa reflexão e ação moral, de agir de maneira aceitável para os demais. Em suma, reconhecemos que a moralidade é algo intersubjetivo. A inclusão e a concordância dos demais na deliberação e na ação moral se convertem, portanto, no critério moral e no horizonte de crítica social.

Até aqui temos dois elementos compartilhados que permitem definir um ponto de vista moral: a universalidade do enraizamento a realidades diferentes e a universalidade da abertura para o outro.

---

11. Todorov, 1999.

Dinamismo da intersubjetividade

Se olharmos mais detidamente o segundo elemento compartilhado da moralidade — a universalidade da abertura para os demais —, poderemos ver que ele não se apresenta como uma totalidade homogênea: a intersubjetividade se manifesta por intermédio de figuras bem diferenciadas que a concretizam. Estamos nos referindo a formas como o encontro interpessoal ou a relação afetiva, o diálogo ou a relação comunicativa, e a participação em projetos ou a relação de cooperação no trabalho. São três dinamismos da intersubjetividade que apontam para diferentes direções de valor. Duas palavras sobre cada um deles.

A primeira forma de abertura para os demais se dá pelo encontro cara a cara. Neste espaço interpessoal de relação aparecem os sentimentos que nos vinculam aos demais e nos ajudam a enfrentar as dificuldades vitais. O afeto, a amizade e o amor tornam-se verdadeiros mecanismos sociais ou procedimentos morais compartilhados que apontam uma direção de valor capaz de atuar como um horizonte normativo compartilhado[12].

A segunda forma de abertura para os demais se produz por meio do diálogo. Neste espaço interpessoal de relação entra em jogo um conjunto de mecanismos comunicacionais que nos permitem manter intercâmbios construtivos com os demais sobre os assuntos que afetam os interlocutores.

À medida que os processos de diálogo estão orientados para obter compreensão entre os participantes e ambos procedem de modo a alcançar um certo nível de acordo, o diálogo se transfor-

---

12. Aristóteles, 1982, pp. 451-476; Hume, 1988; Buber, 1974 e 1949; Levinas, 2000; Bello, 1997.

ma em um poderoso instrumento moral e em uma pauta de valor que é compartilhada por qualquer sujeito capaz de falar[13].

A terceira forma de abertura para os demais se produz pela participação em projetos de intervenção no mundo natural ou social. Neste espaço de relação há uma série de procedimentos conjuntos que nos permitem propor intervenções sobre a realidade com o intuito de otimizá-la. À medida que a realização de projetos conjuntos se dá por mecanismos de cooperação entre todos os participantes e é orientada para uma transformação otimizadora da realidade, o trabalho em projetos compartilhados se converte também num forte dinamismo moral e num espaço compartilhado de valores para qualquer ser humano[14].

Repito que esses dinamismos da intersubjetividade, além de estabelecerem modalidades concretas de relação, permitem definir procedimentos de ação moral, fixar objetivos desejáveis e estabelecer elementos de crítica e de transformação da realidade. O afeto, o diálogo e a cooperação são procedimentos ou ferramentas que nos ajudam a lidar com as dificuldades sociomorais que a vida pode nos apresentar. Além disso, esses três procedimentos morais trazem implícita uma finalidade moral, um *telos*. Cada um deles aponta para certos horizontes de perfeição: amizade e amor quanto ao afeto, compreensão e acordo no que se refere ao diálogo e cooperação e transformação no trabalho com projetos. Conseqüentemente, todos têm a capacidade de se converter num

---

13. A obra de Jürgen Habermas em seu conjunto fundamentou amplamente os aspectos que temos enunciado. No entanto, vale a pena destacar os seguintes volumes: Habermas, 1987 e 1998a.
14. Dworkin, 1996.

elemento de crítica e de transformação da realidade. Em suma, transformar-se em valores compartilhados por todos à medida que estão relacionados com a abertura para os demais, uma das vertentes que todos os seres humanos têm em comum.

Como educar em valores?

Vias educativas do enraizamento e da abertura para os demais

A força moral do enraizamento e da abertura para os demais se traduz em práticas educativas que permitem deixar manifestos os valores de todos os dinamismos morais. As práticas educativas, portanto, nos ajudam a adquirir os valores que expressam o enraizamento e a abertura para os demais. Resta-nos saber quais são os espaços onde serão implantadas as diferentes práticas formativas. Trata-se, portanto, de pensar os âmbitos que devem ser considerados na hora de prever um plano completo de educação em valores. Veremos que as ações realizadas no nível interpessoal terão de ser combinadas com outras que tenham um caráter curricular; e, finalmente, há um último conjunto de intervenções que incidirá na vida do grupo-classe e do centro educacional. O jogo complementar e coordenado do trabalho nesses três âmbitos produzirá uma educação em valores completa.

Via interpessoal

O primeiro nível do modelo de formação em valores que propomos focaliza a atenção nos vínculos interpessoais que se estabelecem entre os educadores e seus alunos. No entanto, as relações interpessoais não constituem um espaço com fronteiras nítidas que possam ser delimitadas em outros momentos com semelhante relevância formativa. Muito ao contrário, elas aparecem e fazem parte de qualquer momento educativo. As relações interpessoais não são uma atividade entre tantas outras, mas surgem no interior de qualquer situação educativa e têm algo de transversal e onipresente. Aí reside precisamente parte de sua complexidade e importância: não costumam ser programadas reflexivamente, devido ao fato de se apresentarem geralmente na forma de episódios breves – os encontros –, embora eles apareçam e se desenvolvam ao longo de todas as demais experiências educativas e acabem caracterizando um vínculo educativo complexo. Por último, e além de seus modos de se manifestar, o espaço das relações interpessoais tem um efeito insubstituível na formação da moralidade.

Apesar do que dissemos, falar de relações interpessoais hoje é algo muito impreciso. Às vezes a educação converte as relações interpessoais num exercício de saber voltado para objetivar os educandos e num exercício de poder para discipliná-los. A autêntica relação educativa não está concebida para objetivar e disciplinar, mas para converter o sujeito com o qual se compartilha uma situação formativa em "alguém reconhecido", alguém com quem se criam laços morais de mão dupla: a responsabilidade do adulto em relação ao jovem e o respeito do jovem em relação ao adulto.

Mas vejamos cada um os elementos que compõem uma relação educativa autêntica: 1) um encontro; 2) um encontro de acolhida e reconhecimento; e 3) um encontro que gera qualidades morais de responsabilidade e respeito.

É óbvio que a educação pressupõe interação entre educadores e educandos. A questão é ver se essa interação é apenas um mero contato entre sujeitos-objetivados realizando um intercâmbio que não vai além do previsto para o papel que desempenham, ou se, ao contrário, a interação é um verdadeiro encontro entre indivíduos singulares[15]. Ou seja, uma relação cara a cara entre dois sujeitos que por meio das expressões faciais, dos gestos e da palavra criam um vínculo mútuo e se envolvem numa situação – não totalmente programada – de participação conjunta numa tarefa formativa, tarefa que pressuponha pelo menos uma operação que conjugue conhecimento e afeto.

Por outro lado, se o encontro tem um inevitável lado rotineiro, tem, acima de tudo, também um lado imprevisível, cálido e aberto ao outro[16]. Todo encontro tem uma realidade física na qual os sujeitos se fazem mutuamente presentes, se vinculam afetivamente e se dispõem a ficar pessoalmente envolvidos numa relação que vai além do instrumental. Daí podemos concluir a importância de gerar uma atitude educativa voltada para evitar os meros contatos superficiais e favorecer encontros autênticos, criando situações e práticas formativas que facilitem a multiplicação dos encontros pessoais. Só assim é possível fazer com que uma sucessão de encontros seja seguida por uma relação interpessoal realmente educativa.

---

15. Destacamos aqui dois autores relevantes que, embora não sejam os únicos, propuseram o tema do encontro como chave de seu pensamento. Um deles, Goffman, fez isso apoiado em posições sociológicas, e o outro, Buber, baseando-se em posturas filosóficas. Goffman, 1970, 1961 e 1979; Buber, 1949 e 1974.

16. Gijon, 2003.

Mas para que se produza uma relação educativa autêntica não basta uma sucessão de encontros. Apesar de importante, é necessário que o encontro encerre uma clara iniciativa do educador para acolher, reconhecer e aceitar o educando[17]. Não se trata de encontrar-se para escrutar ou dominar, mas para demonstrar que o educando estava sendo esperado, para se poder manifestar que temos confiança em suas possibilidades, para cuidar dele e ajudá-lo em tudo que for possível, para ouvi-lo por uma escuta sem filtros e, finalmente, para aceitá-lo tal como ele é. Essa abertura para o outro não deve ser confundida com uma atitude passiva ou dominada pelo destino, mas sim como uma abertura combativa, disposta a entregar-se na ajuda, que vá além dos contatos tingidos pela indiferença ou pelo legalismo. Quando se consegue uma relação de acolhida e reconhecimento, são lançadas as bases para a entrada no mundo social. A socialização depende de alguém que esteja disposto a acolher e reconhecer, que esteja disposto a vincular-se afetivamente.

Neste ponto, chegamos ao limiar dos dois movimentos morais que se produzem em toda relação humana constituída. Estamos nos referindo à responsabilidade pelo outro e ao respeito que gera obrigação. No primeiro movimento aludimos à responsabilidade incondicional do educador para com o educando[18]. A relação educativa pressupõe uma responsabilidade ética do adulto para com o jovem, responsabilidade que não se limita a nenhuma condição que possa exími-la. O outro, através de sua corporeidade – as expressões faciais –, mas indo além dela, mos-

---

17. Duch, 1997, pp. 15-37.
18. Levinas, 2000.

tra a sua contingência, a sua necessidade, a sua fragilidade, e reclama ajuda incondicional e sem oferecer nada em troca. Nesta exigência muda do aluno e no dever de satisfazê-la de forma responsável por parte do educador reside o primeiro movimento moral da relação educativa.

Por sua vez, quando um jovem se sente apreciado pelo adulto – recebe afeto, cuidado, compartilha tempo com ele, ouve elogios por seus esforços e é valorizado de modo incondicional –, acaba também tendo apreço por ele. Uma vez criado o vínculo de afeto recíproco, é mais fácil para o educador indicar valores e condutas aos jovens, e é maior a probabilidade de que os adotem pelo afeto recebido[19]. É gerado nos jovens um sentimento de obrigação de certo modo paralelo, embora diferente, da responsabilidade que antes impulsionava o educador para eles. Estamos diante de uma dupla obrigação moral que não pode ser eterna nem explica todos os dinamismos e as tarefas da educação em valores, mas é imprescindível como um de seus espaços e momentos.

Via curricular

O segundo nível do modelo de formação em valores que estamos desenvolvendo aborda o que vamos chamar de "tarefas curriculares", ou seja, o conjunto de afazeres realizados pelo grupo-classe com a intenção manifesta – embora talvez não exclusiva – de trabalhar valores, e que se inscreve no tempo destinado às diferentes disciplinas e ocupações do currículo. Essas tarefas orientadas para a formação em valores podem ser distri-

---

19. Piaget, 1999, pp. 27-61; Rawls, 1979, pp. 511-536.

buídas de maneira transversal ao longo das disciplinas escolares, como ocorre quando são abordados assuntos moralmente relevantes às diferentes áreas escolares. Ou, então, condensar o tempo destinado a tratar de assuntos relacionados com o valor em certos espaços escolares, como poderia acontecer durante o tempo destinado à aula de orientação ou à reflexão ética, ou também no espaço temporal que pode ser ocupado por alguma disciplina de livre escolha.

Em síntese, este nível de modelo de formação em valores se refere às tarefas de aula destinadas a trabalhar valores, embora sua localização temporal no currículo possa variar.

As tarefas curriculares colocam em jogo três grandes blocos de conteúdo: as questões pessoais ou socialmente relevantes, as disposições que constituem a inteligência moral e, por último, alguns elementos básicos da cultura moral de uma sociedade. Estes blocos de conteúdo apontam também algumas finalidades da formação cívico-moral: aprender a considerar reflexiva e criticamente questões controvertidas da vida social e pessoal; desenvolver as diferentes capacidades da inteligência moral e predispor os alunos a usá-las corretamente em situações de deliberação moral; e, finalmente, conhecer, apreciar e usar um conjunto de conceitos e elementos essenciais de uma cultura moral que podem ajudar a compreender e valorar certos fatos e controvérsias submetidos à consideração[20]. Vejamos mais detidamente estes três momentos do trabalho curricular sobre valores.

As tarefas curriculares destinadas a trabalhar valores devem ser realizadas num espaço em que seja possível falar de tudo que

---

20. Puig, 1995 e 1996.

preocupa o grupo. Os alunos deveriam perceber essas sessões como uma oportunidade para tratar assuntos de interesse comum e discutir e abordar situações que os inquietam. Em alguns casos serão tratadas questões estreitamente vinculadas à vida deles, aqueles problemas que eles percebem nos seus diferentes âmbitos de relações. Em outras ocasiões, o conteúdo pode referir-se a assuntos de relevância social que talvez escapem à experiência imediata dos alunos, mas aos quais eles não devem permanecer indiferentes.

Ao contrário do que ocorre em outros momentos escolares, esse conteúdo não se refere a saberes acabados nem a informações que devam ser retidas e memorizadas. São espaços destinados a falar de assuntos que permitem opiniões diversas, assuntos que despertam o interesse dos alunos. E, acima de tudo, são espaços em que cada membro do grupo constrói opiniões próprias com base no debate com os iguais e com os professores. A diversidade de enfoques ao abordar um assunto propicia a cada aluno uma elaboração mais complexa e completa dos próprios pontos de vista.

Se a inteligência nos permite conduzir um processo de adaptação ótimo ao meio físico e cultural, a inteligência moral nos torna possível adaptar e ao mesmo tempo otimizar nossa relação com o entorno social. As diferentes capacidades que configuram a inteligência moral ajudam a nos relacionar com os outros, a respeitar as normas sociais, a enfrentar as experiências vitais e, principalmente, a considerar os conflitos de valor. Ao falar de inteligência moral nos referimos a um conjunto de capacidades psicomorais – por exemplo, o autoconhecimento, a empatia, o juízo moral, o diálogo e a auto-regulação – que tornam possíveis a deliberação e a direção moral. Diante de experiências de conflito moral, nós, humanos, colocamos em ação uma série de capacidades que nos permitem exercer atividades como valorar, questionar, compreender, comparar, tomar decisões e levá-las a cabo. A inteligência moral tem uma natureza funcional e seu uso correto permite a cada um lidar adequadamente com as questões morais que se apresentam no dia-a-dia.

Enfrentar experiências moralmente controvertidas e resolver os dilemas morais do cotidiano requer mais que o uso correto da inteligência moral. Assim, na tentativa de procurar soluções para os conflitos individuais e coletivos, as pessoas colocam em jogo não só suas capacidades individuais, mas também usam guias de valor que lhes permitem orientar a resolução dos conflitos. A cultura moral é, juntamente com a inteligência moral, um instrumento de primeira ordem para regular a convivência e melhorar nosso modo de vida. A cultura moral é constituída por elementos de natureza diferente, que cada sociedade em particular e também a espécie humana em seu conjunto elaboraram ao longo do tempo.

Na cultura moral cristalizam-se idéias, modelos, normas, práticas, instituições sociais e outros elementos que servem de guia de valores para uma comunidade. Trata-se de recursos e propostas que cada coletividade reconhece como moralmente válidos e eficazes.

Considerar assuntos relevantes, desenvolver a inteligência moral e adquirir elementos essenciais da cultura moral são três objetivos da formação moral que são trabalhados ao mesmo tempo nas aulas. É possível dar maior relevância a um deles, mas é totalmente inadequado pretender isolar qualquer um dos três momentos. Por outro lado, os espaços escolares destinados a trabalhar aspectos relacionados com os valores não podem se converter em aulas que caiam na inculcação de valores nem na mera trasmissão de conhecimento. É quase impossível e totalmente indesejável que as aulas sejam dessa natureza. Pelo contrário, elas devem ser convertidas em fóruns de consideração e diálogo, em momentos que propiciem o autoconhecimento e a reflexão. Em ambos os casos – sejam sessões de deliberação ou de reflexão –, a aula deve ser uma espécie de oficina onde alunos e professor trabalhem conjuntamente as questões significativas. Os primeiros refletindo, cooperando, debatendo, ajudando-se mutuamente na consideração da temática proposta – de alguma maneira todos estão ensinando os colegas –, e o professor conduzindo a atividade, ajudando quando necessário, sempre de modo discreto, para não tirar o protagonismo de seus aprendizes, mas realizando intervenções que os ajudam a melhorar. Em suma, trata-se de conseguir que as tarefas curriculares destinadas à formação em valores mostrem que o assunto abordado é tão importante quanto o modo de tratá-lo.

Via institucional

O terceiro nível do nosso modelo de formação em valores volta o olhar para o formato que é dado às instituições escolares, e para a maneira pela qual esse formato institucional cria um clima ou cultura moral. Costumamos aceitar que a relação pessoal entre educador e aluno é uma fonte de influência educativa de primeira magnitude, e não há dúvida de que o desenvolvimento das tarefas curriculares constitui uma experiência educativa essencial. No entanto, nem sempre reconhecemos que o ambiente de uma instituição educacional exerce enorme pressão formativa em seus alunos. Não é exagero afirmar que as instituições em si são profundamente educativas. Elas têm forma moral e educam moralmente[21]. Se tais afirmações estão corretas, é preciso pensar melhor no desenho das práticas pedagógicas realizadas nos centros educacionais, assim como na construção de um sistema de práticas que converta esses centros em comunidades democráticas. Em outras palavras, é preciso construir uma cultura moral que exerça uma poderosa ação educativa. A cultura moral não pode ficar nas mãos do acaso; ao contrário, deve ser objeto de uma preparação consciente e minuciosa.

Em que espaço formativo atua a cultura moral? Se os encontros se apresentavam como pontos disseminados entre todas as atividades educativas, até criar um vínculo interpessoal entre o educador e cada um dos alunos, e se as tarefas curriculares de educação em valores ocupavam um espaço temporal previsto e delimitado, fosse transversalmente distribuído ou concentrado numa só matéria, a cultura moral das instituições educativas ocupa todo o espaço disponível – tudo faz parte da cultura de uma comunidade.

Na realidade, a cultura moral deve ser entendida como a totalidade do meio que acolhe e cerca completamente os educandos, e o faz de modo que eles fiquem totalmente imersos e sejam inevitavelmente afetados. A cultura moral é uma forma onipresente de educação em valores e, portanto, seu instrumento mais efetivo.

---

21. Jackson *et al.*, 2003; Kohlberg, 1992, pp. 265-270; Piaget, 1968, pp. 9-28; Powers *et al.*, 1997; Puig, 2000.

Em que dimensões do sujeito em formação a cultura moral influi? Embora seja impossível estabelecer uma dimensão exclusiva para cada espaço ou nível até aqui considerado, vimos que os encontros e o vínculo interpessoal tinham um efeito motivador muito intenso na formação do modo de ser do educando; vimos também que as tarefas curriculares centravam-se principalmente na formação dos instrumentos cognitivos que permitam estabelecer um ponto de vista pessoal diante de situações controvertidas; e, por último, veremos como a cultura moral das instituições escolares incide sobre o comportamento dos sujeitos dando forma a seus hábitos e virtudes. A cultura exerce outras funções formativas, mas a que melhor a caracteriza tem a ver com a formação das disposições para agir de um modo determinado e manter esse modo de se conduzir no tempo.

Neste ponto, voltemos um pouco atrás para rever a natureza de um meio educativo e sua cultura moral. A tese que defendemos é que a construção da personalidade moral depende em parte do efeito causado pelo conjunto da instituição educacional. Afirmamos que a totalidade da instituição é uma poderosa força educativa que incide sem cessar na formação pessoal dos alunos. Essa afirmação pressupõe várias questões que vamos repassar brevemente.

Em primeiro lugar, afirma-se algo que costumamos expressar de modo metafórico: a atmosfera do centro nos impregna como que por osmose quando mergulhamos em sua realidade. Ou seja, os valores expressos pela instituição educacional nos embebem e se tornam hábitos e atitudes pessoais conforme os colocamos em prática. Em segundo lugar, esse processo de embeber-se em valores e convertê-los em hábitos e atitudes depende da capacidade da instituição de vivenciar realmente os valores defendidos. À medida que o centro propõe atividades que convidam os alunos a praticar valores normalmente, estará sendo estimulado um processo real de implantação de hábitos e atitudes. Em terceiro lugar, em qualquer centro educacional fazemos com que nossos alunos vivam valores por intermédio das práticas e atividades que lhes propomos. Temos visto como as práticas de deliberação e autoconhecimento convidam com intensidade à realização de valores como, por exemplo, o reconhecimento do outro e a autenticidade. Mas em uma escola são oferecidas muitas outras práticas educativas que cristalizam valores e convidam seus alunos a vivê-las.

Voltando ao princípio, uma instituição é um sistema de práticas educativas. Não se trata de uma única prática isolada nem de uma multiplicidade de propostas incoerentes. Uma instituição é um sistema, isto é, um conjunto inter-relacionado e coerente de práticas que conseguem incrementar o efeito educativo justamente pela sinergia que se estabelece entre todas as propostas. Isso foi feito magistralmente por Freinet em suas aulas, e Dewey nos sugere, ao advertir que não se educa de modo direto, mas através do meio. Algo que hoje preferimos expressar com outras palavras: educa-se por intermédio do cultivo de práticas e da construção de meios.

Vimos que a cultura moral depende do conjunto das práticas educativas que funcionam numa instituição e que, portanto, uma das tarefas dos educadores é colocar em ação práticas educativas adequadas a cada circunstância. Conseqüentemente, resta ainda determinar as áreas que devem ser cobertas por tais práticas em uma instituição escolar. A nosso ver, elas incidem em três grandes campos: o trabalho escolar, a convivência e a animação. As instituições escolares devem organizar o modo como transmitem conhecimento aos alunos por meio de múltiplas práticas de ensino e aprendizagem. A aula magistral, o trabalho cooperativo e os projetos são algumas das práticas clássicas desse âmbito. Por outro lado, como as escolas são espaços de convivência e de aprendizagem da convivência, também devem instituir práticas pensadas expressamente para alcançar esses fins. As assembléias de classe e a resolução de conflitos são algumas possibilidades próprias desse campo.

Finalmente, a escola também deve ser um espaço de vida e um espaço conectado ao resto da sociedade, o que exige um esforço de animação social e cultural. Eles devem ser locais de cultura, de participação, de festa, de realização de projetos que vão além das aulas. Em suma, devem ser centros de cultura e de cidadania. A organização de festas, de eventos culturais ou de atividades esportivas pode ser uma das possíveis práticas estabelecidas nesse âmbito.

Agora sabemos melhor o que significa cultivar práticas e construir meios: é pensar em propostas que atenderiam corretamente às necessidades formativas nos campos do trabalho escolar, da convivência e da animação. Ambos os conceitos – projeto de práticas e construção de meios – apontam para um mesmo objetivo: a reconstrução do mundo da vida nas escolas; a criação de um espaço que seja educativo por si mesmo. Para isso é preciso imaginar formas de convivência escolar, de animação e de trabalho que predisponham a viver e aprender de acordo com certos princípios e valores. Projetar práticas é idealizar peças educativas, ou seja, é idealizar processos que persigam objetivos específicos e, simultaneamente, expressem valores. Por outro lado, a intervenção educativa consiste também em encaixar essas peças de modo que no final se construa um conjunto coerente. A soma das diferentes peças pensadas para atender a cada uma das necessidades educativas deve produzir uma imagem de conjunto: um meio educativo denso, rico e coerente. Os processos educativos são vividos em cada peça ou prática e também no conjunto produzido pelo meio. Portanto, pode-se dizer que uma das principais tarefas do educador é projetar práticas e construir meios.

Que tipos de interesse conduziriam a investigação e que medidas concretas poderíamos propor para desenvolver o espaço da cultura moral de uma instituição educativa? Para tornar plenamente formativo o espaço da cultura moral, vale a pena aprofundar, pelo menos, uma questão de base e desenvolver várias propostas concretas.

No que se refere à questão de base, seria conveniente examinar com maior clareza de que modo competem atualmente, nos centros educacionais, as forças que, por um lado, tendem a mercantilizá-los e a impor-lhes a fria lógica do sistema e, por outro lado, as forças que os reconstroem como comunidades democráticas, onde predomina a lógica da vida. Somente assim serão detectadas as causas da anomia, da indisciplina e mesmo da violência que surgem nas escolas. Do mesmo modo, poder-se-ia pensar mais detalhadamente o que significa atualmente converter os nossos centros educacionais em comunidades democráticas de aprendizagem, convivência e animação. Os esforços para revitalizar e dar um novo sentido crível às instituições escolares nos parece uma tarefa essencial para conseguir a melhor formação cívico-moral.

VALÉRIA AMORIM ARANTES (ORG.)

Para um projeto de educação em valores

Dez propostas

Dar à educação em valores um lugar claro e forte dentro da escola requer torná-la visível por meio de propostas concretas. Nesta última parte pretendemos comentar brevemente algumas idéias e recomendações que poderiam contribuir para dar maior solidez à educação moral.

São comentários heterogêneos, mas que tentam estabelecer alguns critérios que poderiam orientar esses ensinamentos e algumas propostas que ajudariam a concretizá-los. É o que vamos fazer com as sugestões a seguir.

Reforçar a consideração distribuída e compartilhada da educação em valores

Fortalecer algumas propostas vigentes, como a consideração distribuída da educação em valores. Tanto os conteúdos atitudinais de todas as áreas como os transversais, que tratam de assuntos de valor a propósito do conteúdo de cada disciplina, são duas modalidades formativas bem conhecidas, mas que esperam um novo impulso. Um impulso que deveria basear-se em propostas acessíveis e maior exigência em sua programação e ministração.

Conhecimentos e procedimentos para formar cidadãos

Introduzir de maneira visível nas áreas correspondentes a abordagem de assuntos políticos, econômicos e jurídicos imprescindíveis para entender a organização social; trabalhar sistematicamente os Direitos Humanos e, no momento oportuno, conhecer os conceitos e as reflexões éticas que ajudam a entender a experiência pessoal e social. Incrementar, portanto, os conteúdos básicos para um projeto de cidadania ativa.

Educação laica e cultura religiosa
Separar a educação religiosa confessional do currículo da educação formal mas, por outro lado, aderir à proposta de que todos os alunos adquiram um conhecimento suficiente do fato religioso, entendido como fenômeno antropológico, sociológico, histórico e cultural.

A escola tem de se comprometer a trabalhar os conteúdos que tocam os fatos religiosos em momentos do currículo que forem mais oportunos, com uma dedicação de tempo adequada e mantendo o mesmo espírito de respeito, de vontade de entender e de crítica que se manifesta igualmente em qualquer outra matéria.

Uma orientação com tempo suficiente para educar em valores
Reforçar a tarefa de orientação com um encargo preciso, uma ampliação horária e a correta compensação, de modo que a orientação seja considerada um espaço fundamental da educação em valores. Entendemos que ela o seja, tanto no que se refere ao trabalho em aula com o grupo-classe como na acolhida, seguimento e ajuda individual de cada aluno, e também em relação à regulação e à dinamização da vida coletiva. Concretamente, propomos uma dedicação de sete horas: três de trabalho com o grupo-classe, três de atenção aos alunos e suas famílias, e uma de preparação e coordenação.

Construir uma cultura moral de centro que impregne valores nos alunos

Fazer com que os alunos vivenciem os centros educacionais como verdadeiras comunidades democráticas de aprendizagem, convivência e animação. É preciso explorar todas as conseqüências da convicção de que educar não é unicamente instruir, mas oferecer uma experiência significativa que prepare para a vida como cidadão. Portanto, nós, educadores, precisamos nos ver como cristalizadores dos valores no meio; temos de fazer de cada escola um ambiente rico em práticas e atividades educativas que cumpram seus objetivos e ao mesmo tempo expressem e façam viver em valores; e propor como trabalho cooperativo os projetos de pesquisa, a mediação de conflitos, as assembléias de classe, os contratos pedagógicos, as festas e celebrações e muitas outras práticas educativas a serem imitadas ou inventadas. Precisamos, enfim, criar uma cultura escolar que realmente embeba de valores os nossos alunos. Isso significa dedicar esforço ao planejamento e à realização dessas atividades.

A participação como a melhor escola de cidadania

A cultura das instituições educacionais deveria reforçar de maneira muito acentuada a participação dos alunos, para serem muito mais protagonistas do que são agora. Devem sê-lo no Conselho Escolar e, sobretudo, em outros espaços não tão formais onde possam ter um papel menos testemunhal e mais ativo. Devem participar das diferentes instâncias das escolas, desde o nível da classe, por meio das assembléias, até a escolha dos membros para formar um Conselho de Representantes, com atribuições e responsabilidades como incentivar a associação de alunos e a organização de atividades. Esses são alguns dos processos que facilitam a participação; como não são os únicos, dependerá de cada escola implantar os mais adequados. Deve-se desenvolver, em suma, uma cultura da deliberação e da cooperação entre alunos, e entre alunos e professores.

A formação cívico-moral pela aprendizagem-serviço

Implantar nos centros educativos e de acordo com a idade dos alunos programas de aprendizagem-serviço na comunidade. Vale a pena fazê-lo porque servir à comunidade e, além disso, estender esse trabalho às atividades de aprendizagem escolar é um dos melhores dinamismos de formação pessoal e educação cívica. A força manifestada por estas propostas para sensibilizar, responsabilizar, desenvolver habilidades, envolver na vida cidadã e exercitar a crítica é tão grande que de nenhum modo a educação moral e cívica deve prescindir delas.

As escolas como centros de cultura e civismo abertos à comunidade

Converter os centros educativos em núcleos culturais abertos aos alunos e à comunidade e também coordená-los com outras instâncias educativas, assistenciais ou culturais da população. Aqui há um objetivo duplo. Primeiro, abrir o centro além do horário destinado ao cumprimento de suas obrigações curriculares, a fim de torná-lo um espaço cultural e formativo. Trata-se de estender a tarefa educativa do centro de modo diverso, com alguns usuários em parte diferentes, com alguns educadores também diferentes e com atividades que vão além das propriamente curriculares. Segundo, as escolas devem se abrir e trabalhar em rede com outras instâncias que atuem no mesmo território para otimizar as tarefas. Ambas as medidas não parecem, a princípio, vinculadas à educação em valores, mas a realidade demonstrará exatamente o contrário.

Um novo perfil de educador para impulsionar a convivência, a participação e o civismo

Criar uma nova figura educativa que mescle o papel do pedagogo, do educador social e do animador sociocultural e se responsabilize por promover em cada escola todas aquelas atividades que em alguma medida transcendam o trabalho estrito das aulas. Atividades como coordenar parte das ações da escola vinculadas ao Plano de Ação de Orientação, ao Conselho de Representantes, à Associação de Alunos e Alunas e à de Pais e Mães, às festas e celebrações, à mediação de conflitos, à aprendizagem-serviço, à coordenação das atividades extracurriculares e outras que sejam estabelecidas.

Formação, inovação e investigação para uma melhor educação cívico-moral

Desenvolver planos de formação inicial e permanente dos professores que dêem uma visão clara do que é e como tem de ser trabalhada a educação moral e cívica. Vincular a escola à universidade e a projetos de inovação, investigação e formação que permitam cobrir diferentes objetivos num mesmo processo de colocar em andamento propostas de educação moral e cívica.

Para concluir, podemos resumir tudo que dissemos numa idéia fundamental e nas conseqüências mais que prováveis que sua realização implicaria. A tese básica já foi expressa anteriormente: é conveniente ir além das palavras e das boas intenções e dar à educação em valores maior destaque escolar, um lugar que lhe permita abandonar o papel subalterno que agora ocupa. Há necessidade de propostas que consubstanciem as idéias em práticas, tempo e dedicação para realizá-las, e recursos para que seja de fato possível realizá-las.

A educação em valores não é algo que se alcance simplesmente porque se acredita ou se deseja; é preciso encontrar meios para realizar de fato o que se imagina. No entanto, e com isso entramos no âmbito das conseqüências prováveis, o investimento que estamos propondo é rentável, porque atende a um imperativo: conseguir uma educação integral para todos. Mas é rentável também porque ajuda a criar um clima de convivência cidadã, gera o capital social necessário para garantir o desenvolvimento, previne o fracasso escolar, ajuda a criar um clima de convivência e bem-estar nas escolas e contribui para formar cidadãos ativos de uma sociedade democrática.

Referências bibliográficas

ALBERONI, F.; VECA, S. *Altruismo y moral*. Barcelona: Ediciones B, 1989.

APEL, K. O. *Teoría de la verdad y ética del discurso*. Barcelona: Paidós, 1991.

ARISTÓTELES. *Ética nicomaquea en tratados ético-morales*. Madri: Aguilar, 1982.

BELLO, G. *La construcción ética del otro*. Oviedo: Nobel, 1997.

BILBENY, N. *Ética intercultural*. Barcelona: Ariel, 2004.

BOFF, L. *Ética planetaria desde el Gran Sur*. Madri: Trotta, 2001.
BUBER, M. *¿Qué es el hombre?* México: FCE, 1949.
_____. *Yo y tú*. Buenos Aires: Nueva Visión 1974.
CORTINA, A. *Hasta un pueblo de demonios*. Madri: Taurus, 1998.
DELORS, J. *Educació: hi ha um tresor amagat a dins*. Barcelona: Centre Unesco de Catalunya, 1996.
DUCH, LL. *La educación y la crisis de la modernidad*. Barcelona: Paidós, 1997.
DWORKIN, R. *La comunidad liberal*. Santa Fe de Bogotá: Universidad de Los Andes e Siglo del Hombre Editores, 1996.
GARCIA GÓMEZ-HERAS, J. M. *Ética y hermenéutica. Ensayo sobre la construcción moral del "mundo de la vida" cotidiana*. Madri: Biblioteca Nueva, 2000.
GIJON, M. *Espacios de educación moral en una comunidad escolar*. Tese de doutorado, 2003.
GOFFMAN, E. *El ritual de la interacción*. Buenos Aires: Tiempo Contemporáneo, 1970.
_____. *Encounters: two studies in the sociology of interaction*. Indianápolis: Bobbs-Merrill, 1961.
_____. *Relaciones en público*. Madri: Alianza, 1979.
HABERMAS, J. *Facticidad y validez*. Madri: Trotta, 1998a.
_____. *L'intégration républicaine*. Paris: Fayard, 1998b.
_____. *Teoría de la acción comunicativa*, 2 vols. Madri: Taurus, 1987.
HUME, D. *Tratado de la naturaleza humana*. Madri: Tecnos, 1988.
HUNTINGTON, S. *El choque de civilizaciones y la reconfiguración del orden mundial*. Barcelona: Paidós, 1997.
JACKSON, P. W.; BOOSTROM, R. E.; HANSEN, D. T. *La vida moral en la escuela*. Buenos Aires: Amorrortu Editores, 2003.
JONAS, H. *El principio de responsabilidad*. Barcelona: Herder, 1995.

KOHLBERG, L. *Psicología del desarrollo moral*. Bilbao: Desclée de Brouwer, 1992.

KÜNG, H. *Proyecto de una ética mundial*. Madri: Trotta, 1990.

LEVINAS, E. *Ética y infinito*. Madri: Machado Libros, 2000.

MORIN, E. *La méthode 6. Éthique*. Paris: Seuil, 2004.

PIAGET, J. *De la pedagogía*. Barcelona: Paidós, 1999.

PIAGET, J.; HELLER, J. "Observaciones psicológicas sobre la autonomía escolar". In: *La autonomía en la escuela*. Buenos Aires: Losada, 1968.

POWERS, F. C.; HIGGINS, A.; KOHLBERG, L. *La educación moral según Lawrence Kohlberg*. Barcelona: Gedisa, 1997.

PUIG, J. (coord.) *et al.* "Desenvolupament personal i ciutadania". In: *Debat Curricular. Reflexions i Propostes*. Barcelona: Generalitat de Catalunya/Departament d'Educació, 2005.

PUIG, J. *La construcción de la personalidad moral*. Barcelona: Paidós, 1996.

―――― . *La educación moral en la enseñanza obligatoria*. Barcelona: ICE-UB/Horsori, 1995.

―――― . *La tarea de educar: relatos sobre el día a día de una escuela*. Madri: Celeste, 2000.

RAWLS, J. *El derecho de gentes*. Barcelona: Paidós, 2001.

―――― . *Teoría de la justicia*. México: FCE, 1979.

SERRANO, V. (edit.). *Ética y globalización*. Madri: Biblioteca Nueva, 2004.

TODOROV, T. *El jardín imperfecto*. Barcelona: Paidós, 1999.

WALZER, M. *Moralidad en el ámbito local y internacional*. Madri: Alianza Editorial, 1994.

PARTE II

Pontuando e contrapondo

Ulisses F. Araújo
Josep Maria Puig

Ulisses: A primeira pergunta se refere ao âmbito psicológico da temática dos valores. No seu texto, você afirma que os valores não estão nem acabados nem programados e, depois, desenvolve toda uma perspectiva da importância do meio natural e sociocultural, e da intersubjetividade para que o ser humano "forme" valores. Em termos psicológicos, como você acredita que cada ser humano se apropria de certos valores da cultura, e não de outros, o que faz cada um ser diferente, mesmo vivendo numa mesma cultura, família e escola, por exemplo?

Puig: Antes de responder à primeira pergunta, quando tomo a palavra de modo mais pessoal e direto, quero parabenizar o professor Ulisses Araújo por seu texto e a mim mesmo por ter a sorte de compartilhar com ele estas páginas e este debate. Nós nos conhecemos há anos e ainda hoje, a cada novo encontro, continuo aprendendo com a qualidade de seu trabalho teórico e com a originalidade de suas iniciativas práticas em favor da melhor educação para o seu país. Para mim, é um exemplo de inteligência, honestidade e capacidade de trabalho. Reconhecidos e proclamados com prazer alguns de seus valores, vamos ver como se produz a apropriação de valores ou, pelo menos, qual é a minha opinião sobre esta questão.

A questão fundamental colocada pela pergunta é clara: como se produz a apropriação de valores? A *apropriação de valores* pressupõe dois aspectos diferentes: de um lado, a *aquisição de valores*; de outro, a *ativação de valores*. Vejamos cada um desses aspectos.

A *aquisição de valores* é um processo de aprendizagem pelo qual lidamos com os valores de uma comunidade, que inclui tanto os valores transmitidos de modo consciente quanto os transmitidos de modo informal. Desse processo resulta um sujeito que tem uma parte, talvez boa parte, dos valores presentes em sua comunidade.

Mas o que significa "ter valores" e como se produz sua aquisição? Ter valores significa possuir um conjunto de *hábitos de reflexão*. Significa estar disposto a repetir comportamentos desejáveis, algo próximo das virtudes, mas, além disso, comportamentos desejáveis que assumimos não apenas por tê-los aprendido, o que seria apenas um hábito mecânico, mas porque temos a convicção de que devemos manifestá-los. Uma convicção que surge da consideração reflexiva das emoções e das razões que avalizam os hábitos de valor. Portanto, os valores são hábitos que aprendemos – comportamentos que podemos repetir –, mas que, além disso, tornamos nossos, considerando e avaliando – refletindo – as motivações que nos são oferecidas pelas emoções e pelas razões.

Como se adquirem os hábitos de reflexão? Eles são adquiridos participando de práticas socioculturais, sejam práticas escolares que pretendem transmitir valores de modo intencional – o que acontece, por exemplo, nas assembléias escolares ou nas sessões de orientação –, sejam práticas sociais que transmitem valores com pouca ou sem nenhuma intenção – o que ocorre nas atividades de criação, nos ritos de entrada numa instituição, nas festas sociais ou nos sistemas de trabalho de uma empresa. De qualquer modo, a aprendizagem de hábitos de reflexão começa com a participação, mais ou menos guiada, em atividades que cristalizam valores e os tornam vivos.

Mas a plena aquisição de valores requer, além disso, que se produza um processo de reflexão sobre os valores que estão sendo aprendidos. Não basta saber se conduzir de acordo com valores – com o tempo isso fica insuficiente e negativo. É preciso também ter convertido os hábitos de valor em algo próprio, o que só se consegue quando acrescentamos reflexão à prática. Entendemos por reflexão a consideração das razões e emoções que pretendem avalizar os hábitos de valor. Adquirimos um hábito de valor quando aprendemos os comportamentos que ele requer e, além disso, consideramos, até poder aceitá-las, as razões e as emoções que justificam e dão valor àquele hábito. Em síntese, adquirir um valor é ter aprendido os comportamentos que ele pressupõe e ter considerado, até aceitar como próprias as razões e motivos que dão aval àquele valor.

Até aqui comentamos a *aquisição de valores*, que é a primeira parte do processo completo de *apropriação de valores*. A segunda consiste na *ativação de valores*. Esta etapa parte de um pressuposto básico: nem todos os valores adquiridos se manifestam sempre e no lugar adequado. Nós temos um leque de valores à disposição, mas isso não garante que sejamos capazes de empregá-los adequadamente em cada situação particular. Surge então um novo problema: como aplicar ou ativar os valores em cada situação e momento particulares.

Como são ativados os hábitos de valor? Os hábitos de valor menos problemáticos estão rotinizados: são aplicados sem alteração quando ocorre uma situação que os requer e aplicados quase sem esforço, porque está claro para todos quando e como devem ser ativados. As rotinas conseguem fazer com que em certas situações os hábitos de valor simplesmente sejam disparados. Em outros casos, as coisas não são tão simples: em boa medida sabe-se quais são os hábitos de valor que a situação requer, mas circunstâncias variadas dificultam sua aplicação. As pressões sociais contrapostas, os conflitos de interesses ou simplesmente o esforço e os custos que sua aplicação exige podem impedir que sejam ativados os hábitos de reflexão que adquirimos e temos à disposição como próprios.

Por fim, em certas situações ou não sabemos quais hábitos de valor são os mais adequados ou não temos nenhum indício sobre como devemos nos conduzir diante de uma situação inteiramente nova. Nesses casos, a ativação dos hábitos de valor torna-se um processo de investigação moral: é preciso pensar no que é melhor, aplicar o que consideramos mais adequado e avaliar os resultados obtidos. Em síntese, a ativação de hábitos de valor, às vezes, é apenas a repetição de uma rotina; outras vezes depende da vontade de levar a cabo o que sabemos que é correto mas nos custa; e, em outros casos, é uma questão de criatividade para idealizar comportamentos pessoais e sociais que procurem a justiça e a felicidade em situações desconhecidas.

Existe algo que predispõe a seguir as rotinas estabelecidas, a agir com determinação em situações difíceis ou a se esforçar para inventar novas formas corretas de se conduzir. Certas condições sociais facilitam isso: uma sociedade democrática com intensos processos de deliberação e transparência ajuda muito a ativação correta de hábitos de valor. E, sem dúvida, há outros fatores sociais que também contribuem. Mas a ativação correta de hábitos de valor depende em boa parte de fatores pessoais. Em suma, a força para ativar de modo correto hábitos de valor depende da imagem de si mesmo que cada indivíduo forjou. Temos a força que nos dá a nossa identidade, agimos de acordo com a personagem que construímos, agimos para não nos defraudar, para manter o respeito pela pessoa que somos.

A apropriação de valores exige, primeiro, a aquisição de valores (ou hábitos de valor) pela participação em práticas e pela reflexão e, depois, quando já os tornamos nossos, temos condições de ativá-los por repetição, por esforço ou criação, de acordo com a situação concreta em que nos encontramos e motivados pelo respeito que temos por nossa identidade pessoal.

Ulisses: Você propõe que uma das finalidades da formação cívico-moral é que o currículo contribua para o desenvolvimento da inteligência moral. Você está adotando o princípio das inteligências múltiplas de Howard Gardner, considerando que há uma inteligência moral diferente de outros tipos de inteligência?

Puig: Na minha opinião, nós, seres humanos, nos adaptamos e melhoramos a adaptação ao meio natural e sociocultural utilizando ferramentas que nos facilitam esta atividade fundamental para a vida. Algumas dessas ferramentas são internas, embora se completem e se desenvolvam socioculturalmente, e outras são externas, apesar de prolongarem capacidades internas e também se desenvolverem socioculturalmente. As ferramentas internas nós chamamos de inteligência (ou inteligências), e as ferramentas externas, de cultura. Inteligência e cultura nos permitem lidar com os problemas que a vida coloca. A variedade dos meios aos quais devemos nos adaptar e a diversidade dos problemas que devemos solucionar desenvolveram várias ferramentas como diferentes inteligências e diferentes âmbitos de criação cultural. Portanto, afirmo que existem várias inteligências ou ferramentas que nos ajudam a lidar com problemas de adaptação de natureza distinta. Nossa caixa de ferramentas contém, entre outras, inteligências como a espacial, a afetiva, a matemática, a estética e a moral. Outra questão é distinguir entre toda essa variedade de inteligências e defini-las de modo claro. Por ser um assunto extenso, vou me limitar a dizer algo sobre a inteligência moral.

O que é a inteligência moral? Ao falar de inteligência moral nos referimos a um conjunto de capacidades psicomorais que tornam possível a deliberação e a direção moral. Diante de experiências de conflito moral, nós, humanos, colocamos em ação – de forma imediata e freqüentemente inconsciente – uma série de capacidades que nos permitem atividades como valorar, questionar, compreender, contrastar, tomar decisões e levá-las a termo. A inteligência moral tem uma natureza funcional e seu uso correto permite a cada sujeito enfrentar adequadamente as questões morais que lhe são colocadas pela vida cotidiana.

Que capacidades fazem parte da inteligência moral? Se a inteligência moral em seu conjunto permite a deliberação e a direção moral, cada uma das capacidades que a configuram possui uma função própria e destaca certos procedimentos morais: a inteligência moral é um sistema formado por múltiplas disposições. Por outro lado, o uso correto de cada uma dessas capacidades aponta na direção de certos valores; ou seja, aproxima o sujeito que as utiliza da realização de certos comportamentos valiosos. A seguir, daremos uma explicação resumida de cada uma das capacidades da inteligência moral e dos valores dos quais elas nos aproximam.

CAPACIDADES DA INTELIGÊNCIA MORAL	VALORES IMPLÍCITOS
Autoconhecimento. Construir e valorar positivamente o próprio eu; conhecer a si mesmo e integrar a experiência biográfica projetando-a no futuro.	Autenticidade
Empatia. Colocar-se no lugar do outro e reconhecer seus sentimentos, necessidades, opiniões e argumentos.	Reconhecimento dos demais
Julgamento moral. Sensibilidade moral e capacidade de pensar em problemas morais de maneira justa e solidária.	Justiça
Habilidades dialógicas. Capacidade de intercambiar opiniões e de pensar nos pontos de vista dos outros interlocutores com a intenção de entrar em entendimento.	Vontade de entendimento
Compreensão crítica. Adquirir informação e comparar os diversos pontos de vista sobre a realidade, com a finalidade de entendê-la e comprometer-se em melhorá-la.	Tomada de consciência
Auto-regulação. Procurar a coerência entre o julgamento e a ação moral, adquirir hábitos desejados e construir voluntariamente o próprio caráter moral.	Coerência Responsabilidade

O domínio pleno dessas funções depende de um processo de amadurecimento que as pessoas levam a cabo ao longo de toda a vida. Mas seria um erro entender que essas capacidades dependem exclusivamente de fatores biológicos e que o passar do tempo garantirá por si só seu pleno desenvolvimento. Portanto, uma das finalidades prioritárias da intervenção educativa no âmbito da educação em valores é favorecer o desenvolvimento de cada uma das capacidades que a compõem. Essa tarefa requer elaborar intervenções educativas concretas para praticar de forma sistemática as capacidades morais. O exercício continuado tornará possível que cada uma delas separadamente e a inteligência moral em seu conjunto evoluam de etapas inferiores para outras mais avançadas.

Ulisses: O cruzamento da moral com a religião é muito freqüente, principalmente quando estamos no terreno da educação. No texto, em uma das dez propostas para a educação moral, você defende a idéia de que os fatos religiosos têm de ser trabalhados na escola. Gostaria que explicasse um pouco mais essa distinção entre educação moral laica e religiosa no contexto da escola pública.

Puig: Se tivesse de dar um título a esse comentário seria: "Educação laica, cultura religiosa e reconhecimento das diferenças". Não vou tratar de assuntos que poderiam interessar mas que ultrapassam o objetivo que aqui nos propomos. Refiro-me a questões como a abordagem do conceito de laicidade e de outros termos afins, da história das relações entre a Igreja e o Estado, da situação atual do ensino da religião, dos desafios lançados pelo multiculturalismo no debate sobre religião e laicidade e do sentido de um novo espírito laico não refratário à religião. Em contrapartida, estou muito atento a combater outras formas de limitação da liberdade de consciência. Meu interesse se limitará a propor pontos de vista e algumas medidas que expressam minha posição e que, pelo menos no meu país, podem nos ajudar a avançar no debate e na melhora deste aspecto tão controvertido da realidade educacional. Talvez estes comentários possam também ser úteis ao Brasil de algum modo em sua situação singular.

Pensamos em educação laica, ou seja, uma educação baseada na neutralidade do Estado, que não favoreça nenhuma opção religiosa em particular. Enfim, uma educação que garanta a liberdade de consciência de todos os cidadãos, que assegure uma formação moral e cívica compartilhada por todos os jovens e que reconheça a religião como fato cultural e opção pessoal. Para converter essa postura em algo operacional nos parecem defensáveis as propostas que comentaremos a seguir.

Primeiro, garantir uma educação moral e cívica forte e para todos. Isso nos parece conveniente porque, independentemente das nossas posturas diante da religião e da educação religiosa, podemos aceitar que a formação cívico-moral deve assegurar a todos os cidadãos uma educação baseada em critérios comuns que ensinem a viver: ser, conviver, participar e habitar o mundo. Sem dúvida, para muitas pessoas a religião contribui de maneira decisiva para responder à pergunta sobre como viver, mas também, para essas pessoas, a educação moral e cívica comum oferece conteúdos a serem compartilhados entre crentes e não-crentes, e entre membros de diferentes religiões e culturas.

Estamos convencidos de que nada deveria substituir ou diluir a educação cívico-moral. Pelo contrário, pensamos que é necessário assegurar uma educação moral e cívica forte para todos, um objetivo que até agora não conseguimos alcançar plenamente. Debate-se a respeito da conveniência da educação religiosa na escola, se deve ser confessional ou cultural, o lugar que cada uma deve ocupar, quem deve ministrá-la e como, e muitas outras questões. Todas elas merecem ser discutidas. No meu país elas são discutidas acaloradamente, e será necessário esclarecê-las à medida que aprendermos com as novas realidades e com todas as posições em litígio. Em contrapartida, é um erro entender que a educação religiosa pode substituir a educação cívico-moral. É evidente que entre ambas podem se estabelecer vínculos, mas de modo algum são disciplinas intercambiáveis. Nem a educação moral pode substituir a educação religiosa, nem a educação religiosa nos exime de transmitir uma educação cívica e moral para todos os cidadãos. Portanto, podemos debater a respeito do lugar da formação religiosa no mundo escolar, mas isso não significa pôr em dúvida o caráter insubstituível de uma forte educação moral para todos os jovens.

Segundo, é necessário separar a educação religiosa confessional do currículo da educação formal. A escola, o tempo escolar obrigatório, não é a instância que deve encarregar-se de cultivar as crenças religiosas. Numa instituição de uma sociedade plural e de um Estado não confessional – refiro-me ao caso espanhol –, o ensino da religião, aqui entendido como transmissão e cultivo de uma crença, não deve ser incluído como disciplina curricular em nenhum nível escolar e em nenhum tipo de centro educacional.

Terceiro, partindo da distinção entre a transmissão de uma crença religiosa e a transmissão de conhecimento sobre a religião, a escola deve conseguir que todos os alunos adquiram suficientes conhecimentos sobre o fato religioso, aqui entendido como um fenômeno antropológico, sociológico, histórico e cultural. Deve trabalhar os conteúdos que abordam os fatos religiosos nos momentos do currículo considerados mais oportunos, com uma dedicação de tempo adequada e mantendo o mesmo espírito de respeito, compreensão e crítica que se manifesta em qualquer outra disciplina.

Quarto e último, esta opção não exclui que a escola, como centro cultural aberto, e fora do tempo destinado a transmitir o currículo oficial a todos os alunos, possa abrir-se para aqueles conteúdos que, não sendo contrários aos valores democráticos, expressem opções religiosas particulares. São demandas de formação que poderiam ser reconhecidas e programadas fora do tempo escolar curricular. Seria um tempo escolar opcional que poderia ser usado para a formação religiosa e para outras atividades formativas não incluídas no currículo. Desse modo, a escola garantiria uma educação cívico-moral laica e para todos, mas também seria capaz de acolher as crenças de seus alunos.

Ulisses: Um dos grandes desafios para os que acreditam que a educação moral deveria ter um papel mais fundamental na estrutura educacional da sociedade é o conflito com aqueles que pensam que o papel principal da escola é preparar os melhores, os mais inteligentes, para competir num mundo globalizado e de alta tecnologia. Muitas dessas pessoas crêem que, para promover o desenvolvimento econômico, que gere benefícios para a sociedade em geral, é preciso preparar uma elite social capaz de competir e produzir tecnologias e patentes. É possível um diálogo entre essas duas concepções de educação, visando a dar à educação em valores maior destaque dentro da escola?

Puig: Essa pergunta tem grande interesse porque apresenta uma das críticas mais difundidas à educação cívico-moral. É clássica a crítica que provém de setores religiosos. Essa postura, no fundo, afirma que a educação cívico-moral não é necessária porque essa tarefa já está sendo realizada, e muito melhor, pela religião. Além disso, segue-se argumentando, a partir de posturas religiosas, que sempre estão claros os valores que devem ser transmitidos e que não há lugar para dúvidas nem para relativismos. Mas esta crítica não é a única que se faz hoje à educação cívico-moral. Ela também se vê atacada por uma posição de contorno neoliberal. Em linhas gerais, diz-se que a escola, e também o Estado, não deve se intrometer na formação moral dos indivíduos, que a formação moral é uma questão privada a ser resolvida pela família ou pela pessoa na sua própria esfera de ação.

Além disso, afirma-se que a educação cívico-moral não é necessária nem serve para nada, porque a sociedade com suas leis, normas e formas contratuais de fazer acordos já oferece padrões de conduta que cada indivíduo se esforçará para seguir, para obter o máximo benefício pessoal. Ninguém pode se permitir ser imoral, porque isso acabará indo contra os próprios interesses. E, finalmente, aos argumentos da liberdade pessoal, que ninguém deve invadir, e da inutilidade da educação moral, já que cada pessoa cuida por seu próprio interesse de seguir as normas sociais, acrescenta-se uma última argumentação agora de caráter econômico: não convém destinar tempo a essas questões em prejuízo de uma educação científico-técnica que capacite cada indivíduo para o sucesso profissional que, por sua vez, impulsionará o desenvolvimento do conjunto do país.

Acredito que as razões aduzidas pela postura neoliberal estão equivocadas. Primeiro, porque a educação cívico-moral não pretende converter-se numa inculcação ideológica que invada todas as parcelas da vida pessoal, mas quer apenas oferecer uma base comum a todos os cidadãos, que favoreça a convivência cívica e a vida moral, mas deixe espaço para as legítimas opções e diferenças pessoais. Trata-se de uma educação de mínimos que deixe espaço para o desenvolvimento de uma concepção pessoal de máximos.

Segundo, embora a vida social esteja regulada por normas que pautam a conduta dos cidadãos, de modo algum elas são suficientes para garantir uma convivência justa e democrática entre eles. Os valores e as virtudes necessários para conseguir uma correta convivência democrática não são adquiridos por acaso nem podem ser deixados unicamente por conta da responsabilidade de processos que exerçam maior ou menor coação. A democracia requer uma educação intencional dos cidadãos para que adquiram as virtudes e os valores que a sustentem. A democracia não está garantida apenas por leis, necessita também da vontade cívica dos cidadãos, dos hábitos do coração que lhe dão sentido e fundamento e que não são adquiridos de modo incidental. A democracia requer educação.

Terceiro, a formação profissionalizante é sem dúvida importante, mas não deve excluir a educação cívico-moral simplesmente porque o benefício econômico não deveria pôr em dúvida a formação pessoal – não podemos prescindir de uma educação integral que aborde as diversas facetas do ser humano. Temos, pois, o dever moral de educar moralmente os jovens: é um imperativo que nós, educadores, não podemos esquecer. Mas também devemos nos preocupar com a educação cívico-moral por motivos econômicos. Dito de maneira direta, a educação moral é um imperativo, mas é também rentável. Sim, refiro-me ao fato de ser rentável economicamente. O bem-estar econômico de uma sociedade depende de fatores relacionados com a convivência, a democracia, a confiança mútua, a auto-estima, a responsabilidade, o trabalho em equipe, a honestidade, a solidariedade, o esforço, a justiça social e outros valores morais.

A médio prazo, não é possível uma economia bem-sucedida se não forem respeitados e promovidos valores como os citados. E isso o neoliberalismo, num verdadeiro ataque de cegueira e de egoísmo a curto prazo, não quer enxergar. Portanto, o bem-estar econômico e a convivência democrática dependem tanto de uma boa educação de profissionais quanto de uma forte educação cívico-moral. Investir tempo e dinheiro é igualmente importante e necessário em ambos os casos.

Agora, quero centrar as minhas primeiras perguntas em torno da própria idéia de "construção de valores". Afirma-se, na minha opinião muito acertadamente, que os valores são construídos com base na projeção de sentimentos positivos dirigidos a objetos, pessoas, relações e também a si mesmo. Desejaria perguntar por que motivo realizamos uma projeção afetiva sobre um aspecto da realidade. O que nos leva a nos vincular afetivamente a alguma coisa ou a não fazê-lo? Se me permitirem, vou aproveitar para fazer outras perguntas: o que é que se constrói durante o processo de construção de valores? O que é que um sujeito adquire ao construir valores? De que modo os valores se entranham nos seres humanos?

Ulisses: Para começar a responder ao professor Josep Puig, meu parceiro neste livro, não posso deixar de mencionar uma brincadeira que fiz pessoalmente com ele e com a organizadora da obra assim que recebi as perguntas. Afinal, ele fez uma "pequena" trapaça com as regras do jogo, que estabelecia a cada autor fazer quatro perguntas ao outro. Já na primeira ele esgotou o que deveria me perguntar, pois levantou cinco questões diferentes, o que me desobrigaria de responder às demais.

Brincadeiras à parte, pois todas as perguntas se relacionam com uma mesma questão maior, tentarei explicitar de modo resumido como compreendo esse processo de construção pessoal e social dos valores. O processo em si, tal como o concebo e descrevi no texto inicial, dá ênfase ao papel da ação do sujeito que projeta sentimentos positivos sobre pessoas e/ou objetos e/ou relações e/ou sobre si mesmo. Agora, a explicação de por que, psicologicamente, realizamos a projeção sobre alguma coisa e não sobre outras permite trazer à tona novas discussões.

Em primeiro lugar, devo dizer que não estou trabalhando com a teoria psicanalítica nesta abordagem, embora adote como pressuposto que os processos cognitivos e afetivos inconscientes são uma das bases fundamentais de tais projeções. Mas não apenas eles, pois outras dimensões têm um papel constitutivo no psiquismo e nas relações intra e interpsíquicas que caracterizam as relações de cada ser humano com seu mundo interno e seu mundo externo.

O modelo de sujeito psicológico com que trabalho pressupõe um funcionamento psíquico resultante da interação complexa[22] entre quatro dimensões: cognitiva, afetiva, sociocultural e biofisiológica. Além disso, elas interagem o tempo todo com as dimensões da consciência e da não-consciência (inconsciente).

Na realidade cotidiana de cada ser humano essas dimensões estão de tal forma indissociadas que não é possível diferenciá-las. Do ponto de vista intrapsíquico, nossos pensamentos, sentimentos, ações e projeções afetivas são organizados com base na articulação de elementos cognitivos, afetivos, orgânicos e socioculturais, mediados simbolicamente, ou não, pela consciência e pelo inconsciente. Mas não somente isso, pois essa constituição e os pensamentos, sentimentos, ações e projeções recebem influência direta do mundo externo com o qual interagimos, objetivo e subjetivo, composto de conteúdos de natureza física, sociocultural e interpessoal.

É nesse contexto conceitual que afirmamos serem os valores, morais ou não-morais, pertencentes à dimensão afetiva constituinte do nosso psiquismo. As projeções afetivas positivas responsáveis pela construção do psiquismo recebem influência direta de nossa bioquímica corporal, de nossa capacidade de organização cognitiva, das características socioculturais do grupo em que nos inserimos e dos sentimentos, emoções e valores já construídos que permeiam nossa atividade física e mental. Mais uma vez, nesse processo, torna-se necessário incorporar modelos de indeterminação, incerteza e aleatoriedade nas explicações sobre por que nos vinculamos afetivamente a uma coisa ou a outra.

---

22. No sentido das teorias de complexidade já apresentadas.

As idéias de John Dewey sobre o papel da motivação na experiência também podem ajudar a compreender essa questão. Além do que, na minha opinião, suas idéias são muito próximas daquela do sujeito ativo que Piaget assume, e que adotamos neste texto. De forma complementar, Piaget (1979) vincula a figura do sujeito psicológico ao conceito de *self*, utilizado por algumas correntes psicológicas. A ação desse sujeito psicológico (ou *self*) é auto-organizada e regula o funcionamento intra e interpsíquico.

De acordo com Penaforte (2001, p. 72), para Dewey a motivação é uma força que comporta três aspectos: 1) um aspecto ativo, propulsivo e projetivo, de movimento do *self* para fora de si mesmo; 2) uma dimensão objetiva, representada por algo a ser alcançado; 3) uma dimensão subjetiva, de percepção de valor.

No primeiro aspecto, a motivação tem um impulso que se move com uma energia própria, independentemente dos estímulos externos. O essencial na idéia de Dewey é que o interesse e a motivação não são resultantes de estímulos externos, que agem sobre o indivíduo para incliná-lo em direção a uma idéia, como se o *self* fosse indiferente ou passivo, esperando para se mover pela pressão do impulso. Na visão de Dewey, "o impulso é simplesmente o ímpeto ou o fluxo do *self* em uma determinada direção" (1981, p. 430).

No segundo aspecto, a dimensão objetiva do interesse fornece ao impulso um ideal para se expressar. O impulso direciona-se para o objeto, permitindo que ele adquira uma face identificável e seja traduzido para uma linguagem intelectual.

O terceiro aspecto que compõe a motivação é o sentimento de valor que se liga à idéia ou ao objeto sobre o qual o impulso se projeta. Assim, para Dewey (citado por Penaforte), como resultado da projeção, "o *self* encontra-se a si próprio, reflete-se sobre si mesmo, extraindo, dessa forma, seu valor emocional ou afetivo" (1981, pp. 431-432).

Penso que tais idéias corroboram o modelo aqui assumido de um sujeito ativo que age, por meio de projeções afetivas, sobre seu mundo interno e externo, em uma determinada direção. Faço ressalva, apenas, à idéia de que o *self* age independentemente de estímulos externos, pelo princípio interacionista e dialético aqui assumido, mas tais estímulos não são determinantes.

Dentro de um modelo construtivista e interacionista, se podemos falar também de inclinações, a direção das ações e das projeções afetivas depende do *self* multidimensional construído na história de vida de cada um, a partir de suas experiências significativas. Nessa visão de um *self* multidimensional, com elementos cognitivos-afetivos-socioculturais-biológicos, conscientes e não-conscientes, interagindo em cada situação experiencial, não é possível determinar, entre todos os elementos presentes na "realidade", quais aspectos serão alvo da projeção afetiva positiva. No entanto, como cada sujeito possui uma história de vida construída culturalmente e um sistema de valores em funcionamento, pode-se falar das probabilidades de quais elementos serem alvo dessas projeções. Apenas isso.

Do ponto de vista do funcionamento psicológico humano, aqui entendido como os processos mentais que explicam como e por que selecionamos determinados dados da realidade, e não outros, como alvo de projeções, venho trabalhando com a "teoria dos modelos organizadores do pensamento", de Moreno *et al.* (2000). Essa teoria pressupõe que o ser humano constrói "modelos organizadores" que lhe permitem representar o mundo interno e externo e constituem esquemas da realidade que representam. As autoras os definem como:

> Uma organização particular que o sujeito, a partir de uma situação determinada, realiza dos dados que seleciona e elabora, do significado que lhes atribui e das implicações que deles se derivam. Tais dados procedem das percepções, das ações (tanto físicas como mentais) e do conhecimento em geral que o sujeito possui sobre uma situação dada, assim como das inferências que, a partir de tudo isso, realiza. O conjunto resultante está organizado por um sistema de relações que conferem uma coerência interna, a qual produz, no sujeito que a elabora, a idéia de que mantém uma coerência externa, isto é, uma coerência com a situação do mundo real que representa. (Moreno *et al.*, 1999a, p. 68).

De acordo com Arantes (2003, pp. 118-119), o sujeito psicológico, diante de uma determinada situação, certamente não retém todos os dados da realidade. Ele faz uma seleção: apreende aqueles dados que considera significativos e rechaça os que não são significativos e/ou pertinentes.

Assim, no modelo organizador elaborado por um sujeito não estão todos os dados que configuram a realidade. Porém, de forma inversa, nem todos os dados que figuram no modelo têm referentes na realidade, já que o sujeito pode imaginar dados inexistentes, ou seja, pode fazer inferências e pode fantasiar. Isso nos permite introduzir na explicação sobre o funcionamento mental aspectos como a imaginação e outros de natureza não-lógica, como os sentimentos, as representações sociais, os desejos e os valores.

Psicologicamente, na ação projetiva do sujeito sobre o mundo (externo e interno), ele seleciona em cada experiência concreta determinados dados da realidade e não outros, atribui significados e estabelece implicações e/ou relações entre os dados selecionados e os significados atribuídos. Na organização das relações estabelecidas são construídos "modelos organizadores do pensamento" que o sujeito utilizará nas suas próximas interações e experiências, em um processo complexo, dinâmico, recursivo e auto-organizador.

Agora, respondendo ao primeiro bloco de perguntas, os motivos que levam um sujeito a realizar projeções sobre certos aspectos da realidade e não sobre outros, a estabelecer vínculos afetivos com determinados elementos e não com outros dependem de um jogo de inúmeras forças, indeterminado e incerto, resultantes da história de vida, das estruturas biofisiológicas e cognitivas, dos aspectos não-lógicos, do sistema de valores presentes no momento da ação. Não é possível dizer por que uma pessoa constrói um valor de violência e outra de generosidade, mas a compreensão desse funcionamento psicológico complexo pode permitir o trabalho com probabilidades e o desenvolvimento de formas educativas mais "eficientes".

Essa resposta, embora possa gerar críticas e insatisfações por ir contra nosso desejo culturalmente estabelecido de encontrar modelos explicativos de certeza e de determinação para os processos de desenvolvimento e de construção de valores, está mais próxima da realidade psicológica e social do mundo em que vivemos.

Quanto ao segundo bloco de perguntas, "O que é que se constrói durante o processo de construção de valores? O que é que um sujeito adquire ao construir valores? De que modo os valores se entranham nos seres humanos?", serei breve. Em minha opinião, constroem-se vínculos afetivos. Os valores e os contravalores, nesse sentido, são vínculos afetivos entre o sujeito e um ou mais conteúdos, com toda a complexidade inerente a esse processo. Como vínculo afetivo, tem intensidade, que configura sua "localização" mais central ou mais periférica no self, influenciando pensamentos, sentimentos, ações e projeções.

Puig: A segunda pergunta tem que ver com a aplicação da teoria da complexidade e da incerteza para a educação em valores. Com uma enorme dose de lúcido realismo, afirma-se que a construção de valores é algo incerto, aleatório e, portanto, que deixa pouca margem à intervenção educativa: a educação não tem controle sobre a construção de valores. Não tem hoje e provavelmente nunca teve, embora pensasse e agisse como se tivesse. Cabe então perguntar até que ponto essa nova concepção dos limites da educação não solaparia também a responsabilidade dos docentes e dos próprios jovens. É possível ter esperança na educação em valores e ao mesmo tempo entender os processos de construção de valores como aleatórios e incertos?

Ulisses: Essa pergunta é central para a adoção de novos paradigmas na compreensão dos processos de construção e educação em valores. Afinal, desde que enveredei por esses caminhos, ouço críticas de que as idéias de incerteza e indeterminação deixam um vácuo que limita o próprio papel social da educação. É evidente que não estou de acordo com isso.

O ponto de partida para o debate é a compreensão do que se configura como o "pensamento moderno" e como ele moldou nossa cultura nos últimos séculos. Esse modelo permitiu a construção de grandes projetos científicos e filosóficos que almejavam a universalidade, representada em um modelo determinista e mecanicista do mundo, pautado também pelas idéias de progresso e de uma teleologia com direção linear do desenvolvimento do ser humano e do universo. No fundo, imaginava-se que, do mesmo modo que poderíamos controlar e dirigir a natureza, poderíamos controlar e dirigir o desenvolvimento humano.

Assim, "naturalmente", a cultura e o pensamento ocidentais levam as pessoas a buscar tais pressupostos nos processos psicológicos, sociais e educativos. O funcionamento psicológico pode ser determinado e, com a idéia de progresso, é possível estabelecer um desenvolvimento linear que levará a humanidade e cada ser humano a construir determinados valores, que são universais e tendem a ser hierarquicamente superiores à medida que o tempo passa. Os processos educativos, entendidos na perspectiva do método científico, devem criar as condições para que as metas sociais almejadas sejam atingidas. A expectativa é que a sociedade, as pessoas e as aulas "funcionem" em parâmetros de certeza e de determinação, sem espaço para a incerteza nas relações em sala de aula e nos planejamentos pedagógicos.

Sinceramente, creio que esse modelo cultural, reforçado por algumas religiões, tira a responsabilidade de docentes e jovens na construção social da justiça e da cidadania. Afinal, o caminho já está previamente determinado, temos "certeza" de que um dia o Bem triunfará e que iremos todos ao paraíso. Podemos deixar o mundo e a história seguirem seu caminho "natural", pois ele independe de nossos esforços. Falar de incerteza e de indeterminação nos processos psicológicos, sociais e educativos é romper com a maneira "natural" de as pessoas compreenderem tais fenômenos. O resultado é uma incompreensão sobre como podemos atuar nesse mundo que parece "funcionar" de outra maneira.

No caso específico da construção de valores, de fato a educação tem seu papel e seu poder limitados. Afinal, tira-se do cenário a idéia (em minha opinião ingênua) de que a educação tudo pode. Como se a família, a religião, a genética, a cultura, os amigos, os fenômenos naturais e sociais e tantas outras coisas mais não tivessem influência sobre esse processo. Esse quadro, no entanto, em vez de nos levar ao desânimo e à passividade, pela pseudoperda de poder de controle (afinal, nunca o tivemos), deve abrir novas formas de conceber o papel da educação, dos professores e dos jovens na organização e na construção da sociedade e dos sujeitos que nela vivem. Acredito que aumenta a responsabilidade desses atores sociais.

Uma primeira discussão passa pela decisão sobre quais valores a sociedade deve almejar que sejam construídos pelas novas gerações. Essa questão passa pelo debate entre relatividade ou universalidade dos valores. Um modelo de incerteza e indeterminação não deve nos levar ao relativismo total dos valores, como defendem algumas teorias culturalistas segundo as quais a moralidade é sempre "local", assentada nas relações, nos valores e nos interesses pessoais de cada sujeito ou grupo social, em cada momento histórico e, até mesmo, em cada situação concreta. Ou como também defendem as teorias que adotam o princípio de que não existem valores melhores do que outros. Não podemos concordar que os valores assumidos por determinado grupo que defenda, por exemplo, a discriminação de pessoas "diferentes" devam ser respeitados pelo coletivo social democrático, ou que generosidade e violência se equivalem eticamente.

A premissa de que existem *valores universalmente desejáveis*, que você, Puig (1998), defende com base em idéias de Habermas, permite a sistematização de alguns valores que valham para a maioria das culturas (ou pelo menos para as culturas mais complexas), sem perder, ao mesmo tempo, a referência de que existem limites para essa universalização. Desse modo, alguns valores podem ser tomados por nossa cultura como desejáveis, sem nos dar o direito de impô-los às demais.

Nessa discussão, defendemos o pressuposto de que os princípios e valores aludidos na Declaração Universal dos Direitos Humanos (DUDH), apesar de não deverem ser impostos a toda e qualquer cultura existente hoje no planeta, para nós, ocidentais (e mais especificamente os brasileiros), devem ser desejáveis quanto à sua universalização no contexto social. Vivemos numa cultura que almeja a democracia, ou seja, uma ordem social pautada em valores como justiça, igualdade, eqüidade e solidariedade: os pressupostos basais da DUDH.

Portanto, a DUDH pode ser uma referência para a análise dos conflitos de valores vivenciados em nosso cotidiano e para a elaboração de programas educacionais que objetivem uma educação em valores. Em seus 30 artigos, escritos e endossados pela comunidade internacional, e promulgados há 58 anos, encontramos princípios e valores éticos que podemos chamar de *universalmente desejáveis*. A Declaração trata de direitos e deveres desejáveis para a humanidade, como o direito à vida, à inclusão social e econômica, à educação, à dignidade em suas mais variadas formas e à participação na vida social, política e cultural, e é um excelente material para o trabalho educativo. Mesmo que não se tenha mais a certeza de que nossos estudantes construirão tais valores a partir das nossas ações, saliento que, se formos "eficientes" no desenvolvimento de projetos educativos pautados em princípios de ética e democracia, há uma boa probabilidade de que tais valores sejam construídos por eles. Embora os processos sejam aleatórios e incertos, os valores morais não o são.

Em segundo lugar, apesar do questionamento sobre a idéia de pautarmos nossas ações e planos na perspectiva de que existe progresso e desenvolvimento temporal linear em direção a um mundo hierarquicamente superior, isso não afasta o objetivo de construirmos uma sociedade mais justa e feliz em que os seres humanos tenham o direito a uma vida digna. Isso, porém, pode ser a nossa perspectiva para as ações presentes, e não apenas de futuro. Tal princípio deveria ser suficiente para motivar jovens e educadores a ser eticamente responsáveis pela vida de cada um e de todos.

Puig: Quero centrar a terceira pergunta na proposta de que tanto a escola como o entorno dos jovens decorram num ambiente ético de convivência, democracia, cidadania e direitos humanos. Acho que você oferece propostas muito boas. A pergunta é como colocá-las em prática numa escola qualquer. Na sua opinião, que estratégias ou procedimentos seriam os mais adequados? Em suma, como transformar uma escola e seu entorno numa comunidade democrática?

Ulisses: É evidente que não existe uma resposta simples para essa questão. Como não há um único modelo para a construção de ambientes éticos. No mundo inteiro existem milhares de ações, projetos e iniciativas da sociedade civil, dos poderes públicos e de entidades educacionais que trilham os caminhos da construção de espaços de convivência, democracia, cidadania e direitos humanos. Estou certo de que não é mais viável acreditar que a transformação da sociedade, no que se refere à construção de espaços éticos, se dará a partir dos esforços de um único setor social.

Em seu texto, e em sua vasta experiência publicada em inúmeros livros e artigos, você aponta excelentes caminhos possíveis de ser trilhados por escolas e grupos sociais interessados na construção de tais propostas. De minha parte, também venho há muitos anos desenvolvendo projetos com esse mesmo objetivo, e eles são cada vez mais abertos à participação de outros atores externos ao cotidiano das escolas e pertencentes à comunidade. Daí as propostas que apresentei no texto inicial.

A idéia do "fórum" corresponde ao que acredito hoje em dia. É preciso mudar a cultura da escola, de cada escola. E isso não se faz de fora para dentro. Como adoto princípios interacionistas, essas mudanças também não ocorrerão de dentro para fora. Daí a necessidade de articular os diversos segmentos interessados na construção de ambientes éticos, de uma cultura escolar pautada na democracia, no diálogo, na justiça e em princípios de direitos humanos.

A maioria das escolas, reforçadas por um modelo de fragmentação social, encontra-se encerrada em seus próprios muros e domínios, impermeáveis ao convívio com o mundo externo. Esse é o diálogo que precisa ser reinventado para que ambientes éticos sejam construídos, e esse processo não é fácil. Os profissionais da educação precisam entender que outros profissionais, da saúde, da justiça, da segurança, de ONGs, da administração pública, bem como a família e outros atores sociais, também podem contribuir para a educação das futuras gerações. Ao mesmo tempo, esses atores externos precisam entender o papel da escola e sua preponderância e liderança naturais nos atos educativos, por ser a instituição criada pela sociedade com essa finalidade e por ter profissionais capacitados e habilitados para tal.

Um pacto claro e democrático entre todos os envolvidos, pautado em princípios e objetivos de ética e de democracia, que delimite as responsabilidades e os papéis de cada ator social e entenda o protagonismo que devem ter os jovens no desenvolvimento das ações cotidianas dos projetos a ser implementados, pode ser um bom começo. Esse é o papel do "fórum" no curto, médio e longo prazos.

Tudo isso, é bom ressaltar, não nega o imperativo de que as escolas construam tempos, espaços e relações internas pautadas na democracia, na cidadania e nos direitos humanos. Afinal, o funcionamento interno das escolas, em geral, é bastante autoritário, muitas vezes baseado na falta de compromisso de docentes e funcionários e no desrespeito aos estudantes e seus direitos. Essa é a primeira lição de casa.

Enfim, a escola faz parte da sociedade e junto com ela deve construir estratégias e procedimentos que levem à sua democratização. Como cada escola possui sua cultura própria e está inserida em um ambiente singular, deve buscar seu próprio caminho a partir de princípios e valores universalmente desejáveis.

Puig: A quarta pergunta vai além do texto que debatemos, mas também me parece muito importante. Que condições deveriam ser cumpridas para que a educação em valores fosse uma realidade bem assentada no sistema educacional do seu país? O que se pode dizer sobre a formação dos educadores? E sobre a organização e o funcionamento dos centros educacionais? E sobre o papel das políticas de administração educacional? E sobre a universidade? E o que você considera relevante para estimular a educação em valores de maneira intensa e sustentável?

Ulisses: Sendo coerente com os pressupostos com que venho trabalhando, de teorias de complexidade, as suas perguntas apontam mais alguns aspectos que devem ser considerados no enfrentamento da construção de ambientes democráticos e de uma sociedade democrática. Além de todos os aspectos já abordados, a formação de professores, as políticas públicas, a gestão escolar, a função da universidade e mais outros elementos não citados também desempenham um papel relevante em tais processos. Pode-se imaginar o tamanho do desafio e por que não conseguiremos promover uma educação em valores intensa e sustentável a partir de paradigmas de simplificação.

Para deixar o quadro ainda mais complexo, olhemos, também, para dentro da escola. Refletindo durante 15 anos sobre onde seria necessário intervir para a construção de espaços, tempos e relações éticas e democráticas, fui identificando alguns aspectos com forte influência nesse processo.

Em publicações anteriores (Araújo, 2002, 2003 e 2004) apontei de que modo os conteúdos escolares, a metodologia das aulas, o tipo e a natureza das relações interpessoais, os valores, a autoestima e o autoconhecimento dos membros da comunidade escolar e os processos de gestão da escola devem ser transformados para que seja possível construir a democracia escolar e a cidadania participativa.

Para não ficarmos com experiências isoladas, é importante que essas preocupações entrem ao mesmo tempo na pauta política do país e de cada comunidade. Lentamente, ao longo do processo de redemocratização do Brasil, isso vem acontecendo. Mas estamos longe do ponto em que nossa sociedade assuma a construção de valores éticos e democráticos como prioridade. Nem mesmo a educação é ainda prioritária.

Todas as escolas, públicas e privadas, assumem em seu projeto político-pedagógico o objetivo de uma educação em valores voltada para a construção da ética e da cidadania. No entanto, a maioria delas não desenvolve ações concretas nessa direção, a não ser ações pontuais e vinculadas ao que se entende como currículo oculto.

A aprovação dos Parâmetros Curriculares Nacionais em 1996, contendo a ética e os princípios de transversalidade como um dos seus pressupostos, por ser um proposta de Estado, trouxe o tema para o centro do debate educacional. Mas, passados dez anos, ainda não chegou ao currículo das escolas nem das universidades. Por exemplo, até hoje, praticamente nenhum curso de pedagogia ou de formação de professores (pelo menos nas principais universidades públicas brasileiras) assumiu esses temas como finalidades da educação nem, ao menos, introduziu disciplinas sobre ética, cidadania e direitos humanos em seus currículos. Como achar que os profissionais formados ali serão capazes de introduzir esses temas em suas comunidades escolares?

Outro fato significativo a considerar é que os livros sobre essa temática não têm boa vendagem no Brasil. Então, embora exista um discurso de valorização do tema, levantado até mesmo pela descrença com a forma tradicional da política brasileira, isso não se reflete em estudo por parte dos professores e gestores educacionais.

Poderia mencionar muitos outros exemplos que denotam como essa ainda não é uma preocupação central na nossa cultura social e escolar. Por isso, não se deve ser ingênuo e achar que tudo se resolverá nos microespaços de cada comunidade e escola, mas pensar em ações mais amplas que envolvam políticas públicas, que despertem a sociedade, os profissionais da educação e a universidade para o desenvolvimento de projetos mais amplos, de Estado, de país.

Ou seja, enquanto a preocupação com a construção de valores de ética, democracia e direitos humanos não entrar seriamente na pauta das prioridades educacionais e sociais do Brasil e os gestores da administração escolar e universitária não a assumirem, seguiremos patinando e apenas lamentando as desigualdades e injustiças do capitalismo e de nossa sociedade.

A Espanha, do que conheço, vem avançando nessa direção e poderia ser uma boa referência para a reflexão de nossos gestores. Afinal, Espanha e Brasil têm percursos semelhantes na história recente, ao sair de ditaduras e iniciar processos de democratização nos últimos 25 anos.

Mas não quero deixar de concentrar o foco também na microrrealidade de cada escola e comunidade. Usando um chavão, é preciso "pensar globalmente e agir localmente". Afinal, como as comunidades locais são diferentes em suas riquezas, necessidades, características e cultura, não é mais possível pensar apenas em grandes projetos que dêem conta da diversidade de valores, crenças e formas de relação construídas localmente. Por exemplo, neste momento estou envolvido em um projeto de pesquisa sobre a construção de valores na relação entre escola e comunidade, financiado pela Fapesp[23], e me impressiona que duas escolas de um mesmo bairro possuam formas tão distintas de funcionar, de ser geridas, de se relacionar com a comunidade e com o conhecimento.

Por isso, entendo que as políticas públicas mais amplas, de formação de professores, não podem ser excludentes com respeito às condições e características de cada escola e de cada comunidade. Articular o desenvolvimento de políticas públicas que assumam a ética, a democracia e os direitos humanos como prioridades dos sistemas educativos com o respeito às características das comunidades locais é um dos desafios éticos desse processo. É fundamental ter propostas de uma educação em valores assumida nacionalmente, com princípios claros e bem definidos, mas tais propostas devem respeitar as vocações e singularidades dos docentes, estudantes e membros de cada comunidade para que tenham êxito na sua implantação. Sem isso, serão letra morta, projetos e leis bem escritos e fundamentados, mas que não chegarão à realidade cotidiana das escolas e comunidades.

---

23. Fundação de Apoio à Pesquisa do Estado de São Paulo.

PARTE III

Entre pontos e contrapontos

Ulisses F. Araújo
Josep Maria Puig
Valéria Amorim Arantes

Valéria: É inevitável voltar à instigante e relevante discussão sobre a conveniência (ou não) de se assumir ou se estabelecer critérios morais comuns para diferentes culturas e indivíduos diante da árdua tarefa de educar em valores. Convido-os, assim, a retomar o debate sobre a eterna tensão entre o universal e o relativo no campo dos valores morais. Trata-se de uma discussão interminável, mas peço licença para trazer ao debate um conteúdo que, para além de provocativo, nos obriga a adentrar uma cultura aparentemente distante da nossa. Refiro-me às inúmeras situações em que as mulheres – ocidentais e orientais – são vítimas constantes de injustiça, preconceito, desrespeito, perversidade etc. Para além da submissão feminina, mulheres de ambas as culturas não têm poder sobre a própria vida e, muitas vezes, nem têm consciência disso.

    A premissa assumida anteriormente, de que devem existir *valores universalmente desejáveis*, parece-me louvável conceitualmente e confortável educativamente. Mas freqüentemente tal premissa parece nos conduzir a um "labirinto moral" ou a uma "cilada" que pode nos levar à cegueira ou à alienação e nos eximir de toda e qualquer responsabilidade ética. Gostaria que vocês discorressem mais sobre a questão do relativismo cultural ou, mais especificamente, sobre a tensão entre o respeito às diferenças culturais e a igualdade de direitos. Em suma, que comentassem mais sobre o tema do relativismo e do universalismo moral, no tocante à discriminação das mulheres em diferentes culturas.

Puig: Não quero entrar na parte final deste processo sem agradecer à organizadora do livro e à editora que o publica por ter-me convidado a participar desta peculiar e interessante fórmula de debate. Desejo expressar meu agradecimento à doutora Valéria Amorim Arantes por confiar que meu trabalho poderia contribuir com alguma coisa para a coleção, por me dar todo tipo de facilidade durante o intercâmbio e por contribuir com tato e inteligência para melhorar o produto final. Obrigado.

Quanto à primeira questão, acho que o melhor é transformar em pergunta uma de suas afirmações preliminares: é possível compartilhar critérios morais comuns em situações de alta diversidade moral? Há quem ache isso totalmente impossível e nem mesmo coloque a conveniência de tentar fazê-lo: os valores são uma coisa relativa e própria de cada sujeito, portanto é impossível pensar em qualquer tipo de entendimento intercultural ou critério moral universal. Outros, no entanto, não pensam assim: acreditam ser possível alcançar um ponto de vista moral compartilhado. Se defendemos uma educação moral e cívica que tenha um núcleo comum, torna-se necessário estabelecer sobre que realidade compartilhada podemos fundamentar essa proposta.

O que compartilhamos se não compartilhamos religião, metafísica ou projeto político? O que compartilhamos se num mundo intercultural e global a pertinência a uma sociedade não pode nos dar nenhuma segurança moral universalizável? Temos alguma coisa em comum com base na qual seja possível edificar um projeto moral universalizável ou devemos nos conformar com a universalidade do benefício econômico e do relativismo moral e cultural? Do nosso ponto de vista, os seres humanos partem de uma experiência que é universalmente compartilhada: o enraizamento a uma forma de vida particular e a abertura aos demais.

Em primeiro lugar, os seres humanos compartilham uma primeira realidade comum: o enraizamento a uma forma de vida particular. Ninguém escapa à fusão com um mundo vital, embora seja totalmente óbvio que existe uma multiplicidade de mundos vitais diferentes. Portanto, é universal a imersão numa maneira de viver e é universal a diferença no conteúdo material dessa socialização. Ou seja, compartilhamos a necessidade de pertencer a uma maneira particular de entender o mundo. Não há possibilidade de romper com a socialização num *ethos* moral singular, e não é nada bom tentar isso.

Este primeiro aspecto, o enraizamento universal a diferentes conteúdos de socialização, abre para nós obrigações morais muito claras e tarefas educativas consideráveis. Ele nos pede o reconhecimento e o respeito às diferentes formas de vida e pontos de vista morais, pede-nos também um esforço de compreensão das diferentes posições e pede-nos finalmente uma vontade de crítica e de autocrítica que torne possível a aprendizagem moral interpessoal e intercultural. Portanto, trata-se de dar valor ao uso moral da pluralidade e das diferenças.

Em segundo lugar, nós, seres humanos, partimos de outra realidade comum: a abertura e a criação de laços com os outros. De fato, desde o primeiro olhar da mãe para o bebê, para chegar a ser e para ajudar a ser é imprescindível viver uma variedade de relações intersubjetivas. Nós, humanos, não nos fazemos sozinhos, mas com os outros. Sair de si mesmo para estabelecer uma relação correta com o outro ou os outros é, ao mesmo tempo, uma necessidade imprescindível e uma exigência moral. Parece-nos, portanto, que podemos partir de uma intuição bastante clara: no princípio não temos um eu original, isolado e todo-poderoso; ao contrário, estamos em relação com os outros e dependemos dos vínculos que estabelecemos com eles.

Este novo aspecto comum, a abertura universal para os outros, nos leva também a deveres morais e a tarefas educativas. Permite-nos destilar, com base na idéia de abertura para o outro, o núcleo da moralidade. No outro reconhecemos uma obrigação moral; de fato, na relação com o outro descobrimos a estrutura da moralidade. Uma estrutura que se expressa em tarefas como a necessidade de reconhecer o outro, de colocar-se no seu ponto de vista, de incluí-lo em nossa reflexão e ação moral, de agir de forma aceitável para os outros: em suma, estamos diante do reconhecimento de que a moralidade é uma coisa intersubjetiva. A inclusão e o acordo dos outros na deliberação e na ação moral se convertem, portanto, em critério de correção moral e horizonte de crítica social. Em síntese, dois elementos compartilhados que nos permitem definir um ponto de vista moral: universalidade do enraizamento a realidades diferentes e universalidade da abertura para o outro.

Para terminar, algumas palavras sobre um dos aspectos centrais da pergunta. Não acredito absolutamente que a defesa da diferença possa justificar a dor das mulheres nem a de nenhum outro ser humano. A abertura para os outros nos obriga a considerar inaceitável a injustiça, a humilhação e o menosprezo pela dignidade de todos os seres humanos concretos. Mas defender algo que os seres humanos compartilham não significa impor formas de vida semelhantes em nome do justo. Significa obrigar-se a considerar os resultados de cada forma de vida. Nem a diferença nem o que compartilhamos universalmente nos eximem da responsabilidade de não prejudicar ninguém e de avaliar em cada situação se alguém está saindo prejudicado.

Ulisses: Meu pensamento central sobre universalidade ou relatividade dos valores já foi apresentado e, de fato, hoje trabalho com o conceito de que existem valores *universalmente desejáveis*. Questiono a universalidade absoluta de alguns valores, que valeriam para toda e qualquer cultura em qualquer momento histórico, e assume-se que há limites para essa universalização, pelas variações culturais e temporais no mundo em que vivemos. Com isso, podemos estabelecer alguns valores como desejáveis para nossa cultura, mas não temos o direito de impô-los a outras.

A temática de gênero que você traz para a discussão é muito bem pensada, pois encaixa-se naquelas situações conflituosas que apontam os limites entre filosofia e realidade. Mas não acho difícil responder (mesmo que muita gente discorde de minhas idéias).

Em primeiro lugar, é importante nos aproximarmos do que entendo por cultura. Minha referência é Geertz (1978), que considera a cultura um conjunto de mecanismos de controle, planos, receitas, regras e instruções para governar o comportamento, e Edgar Morin (2003, p. 35), para quem a cultura é constituída pelo "conjunto de hábitos, costumes, práticas, *savoir-faire*, saberes, normas, interditos, estratégias, crenças, idéias, valores, mitos que se perpetua de geração em geração, reproduz-se em cada indivíduo, gera e regenera a complexidade social".

Essas idéias nos permitem compreender que o universo de valores, normas e regras com que interagimos cotidianamente faz parte da cultura em que vivemos, e por ela é impregnado. Assim, a cultura molda a forma com que vemos o mundo, e essa tendência, se for etnocêntrica, pode nos levar a depreciar outras culturas e outras formas de ver o mundo. Devemos ter cuidado para não achar que o modelo liberal iluminista, europeu, consolidado também por ideais da Revolução Francesa como a busca de igualdade, deve ser estendido a todas as culturas em todos os momentos históricos. Foi esse modelo etnocêntrico europeu, por exemplo, que levou ao extermínio dos indígenas brasileiros ou a convertê-los ao cristianismo.

O fato de acharmos (nós, brasileiros ou europeus) que a democracia é a melhor forma de governo nos dá o direito de impor esse sistema a uma tribo Ianomâmi? O fato de que para a nossa cultura, neste momento histórico, a igualdade entre homens e mulheres seja desejável de universalização nos dá o direito de impor tal "verdade" a todas as culturas? As culturas não são estáticas, imutáveis. Elas geram e regeneram a complexidade social, como diz Morin. Elas se transformam com o tempo, pelas próprias tensões estabelecidas em seu interior a partir dos conflitos legítimos entre as pessoas que nelas vivem, em convívio, muitas vezes, com outras culturas. A busca da igualdade é um exemplo claro dessas tensões. Em nossa cultura, até bem pouco tempo atrás, as mulheres não eram consideradas iguais aos homens, mas a forma como isso se configurou nos últimos séculos não foi imposta por uma cultura extraterrestre que nos obrigou a ver que todos os seres humanos são iguais. Foi resultante das tensões e lutas no interior de nossa cultura, que vêm promovendo mudanças ainda em curso.

Educação e valores: pontos e contrapontos

Devemos ter cuidado ao julgar, com os valores etnocêntricos da nossa cultura, a forma como se dão as relações entre homens e mulheres em outras culturas.

Nas sociedades ocidentais contemporâneas devemos lutar contra injustiças, preconceitos, discriminações, desrespeitos e perversidades às quais a maioria das mulheres ainda é submetida. Como os ideais de igualdade sustentam as regras, as normas e os valores dessas sociedades, aqueles que quiserem viver em um país ocidental devem se submeter às regras dessa cultura. O caso da lei que impede o uso de véu por parte das mulheres muçulmanas em escolas públicas francesas vai nessa direção e, penso eu, está correta. Não é admissível em um país ocidental, nos dias de hoje, a mutilação genital feminina, e sua prática deve ser veementemente coibida. Não podemos admitir em nossas escolas que as meninas recebam tratamento diferente, ou discriminatório, quando comparadas com os meninos.

Concretamente, por mais que consideremos injusta e até mesmo desumana a forma como algumas sociedades tratam as mulheres, não considero correto impor os nossos valores a elas. Se nossa cultura valoriza a democracia e o diálogo, esses devem ser os instrumentos que podemos usar no confronto de idéias e valores. Podemos mostrar outras formas de ver o mundo, de se constituir as relações de gênero, provocando tensões na outra cultura da qual discordamos ao olhá-la com nossos valores etnocêntricos. Podemos apoiar movimentos que lutem por mudanças nessas culturas e até mesmo receber em nosso país pessoas que não querem mais se submeter aos valores da cultura original. Mas nada além disso, ou iríamos contra os ideais de liberdade e de justiça pelos quais lutamos. A justiça, não nos esqueçamos, só é possível na confluência entre a igualdade e a eqüidade, no reconhecimento de que somos todos iguais e diferentes ao mesmo tempo.

Valéria: A segunda pergunta diz respeito às dimensões afetivas e cognitivas do processo de construção de valores. Nos últimos anos temos acompanhado um aumento significativo do interesse científico pelo estudo da interação entre a cognição e a emoção. Por diferentes vias esse tema converteu-se em uma das áreas de maior desenvolvimento dentro da ciência psicológica. Apesar de a temática estar presente nos textos de vocês, penso que seria de grande valia se fizessem uma reflexão específica sobre como entendem tal relação – entre afetividade e cognição – no processo de construção de valores e na educação em valores.

Puig: Apesar da importância dos sentimentos e das emoções na formação da personalidade, seu papel no âmbito da educação moral tem sido freqüentemente ignorado ou, na melhor das hipóteses, relegado a um segundo plano. A insistência nas capacidades de julgamento moral e o peso que se tem dado aos fatores cognitivos impediram de desenvolver a fundo o papel que os sentimentos e as emoções devem ocupar na formação moral. No entanto, há anos estão se levantando vozes que tentam resgatar um lugar privilegiado para os elementos de caráter afetivo. Por tudo isso, acho difícil fazer uma reflexão específica sobre a relação entre afetividade e cognição. Em parte, por minhas limitações em relação a esta questão, mas também pelos variados e complexos momentos que contém. Portanto, vou realizar um percurso pelas diferentes etapas atravessadas pela consideração moral de um fato controvertido. Espero mostrar diversas facetas do afetivo e até certo ponto suas relações com a cognição e com o comportamento.

De certo modo podemos dizer que a moral começa com a indignação; ou seja, com o agudo sentimento de que em determinadas situações a integridade de uma pessoa está sendo ameaçada ou prejudicada. A indignação moral detecta e nos alerta para certos fenômenos enquanto moralmente relevantes. A indignação nos desperta ao nos desvelar a injustiça. Portanto, a indignação é o resultado de uma espécie de *sensorium* moral que dá relevância a certos fenômenos humanos à medida que atentam contra a dignidade humana. Quem não tem este detector ou está com ele adormecido terá graves problemas para agir moralmente.

O alarme provocado pela indignação completa-se com a *empatia* e a *compaixão*. Uma e outra nos permitem aprofundar a compreensão do que acontece com os demais e sentir o que é que devem estar vivendo. Colocar-se no lugar do outro é uma das condições imprescindíveis para tratar os outros como pessoas. E em grande medida fazer isso pressupõe sentir com eles: sentir na própria pele ou como prejuízo próprio o que está acontecendo com eles. Quando é possível haver empatia, pode-se desencadear o sentimento de compaixão pelo padecimento do outro. Sentir-se mal pela dor alheia costuma ser o princípio da ação moral. No entanto, se a indignação e a empatia se transformam em compaixão e nela se consome toda a força moral, não teremos conseguido quase nada. Muitas das críticas que a compaixão tem recebido assinalam esta limitação: a de ser o termo final de um processo moral. No entanto, a compaixão tem sua função positiva: ser a força que conduz à ação moral. Nestes casos, a compaixão pode ser considerada um sentimento moral essencial: como o princípio da responsabilidade e do compromisso. *Responsabilidade e compromisso* apontam para o envolvimento pessoal na solução da dor que a indignação, a empatia e a compaixão detectaram. Não existe nada tão desmoralizador como não fazer nada quando se percebeu a necessidade de agir. Detectar a dor exige participar, da maneira que for possível em cada caso, mas participar na tarefa de mitigá-la. Quando a compaixão não gera responsabilidade e compromisso, conduz ao desânimo, à passividade e acaba por adormecer a capacidade de sentir a dor alheia. Somente quando podemos tormar parte na ação que nos conduzirá a restabelecer as condições de dignidade das pessoas que sofreram a ofensa é que estamos atualizando a responsabilidade e o compromisso: vivemos moralmente.

Quando o sujeito que se compromete envolve-se na solução daquilo que detecta como injusto, sua *auto-estima* fica reforçada. O indivíduo capaz de participar desenvolve paralelamente sentimentos de estima em relação a si mesmo: passa a ver-se como alguém digno de apreço e reconhecimento. Por sua vez, a maior auto-estima reforça as demais capacidades morais, de maneira que o sujeito se converte em alguém moralmente mais perspicaz e mais eficaz. Em suma, em alguém moralmente melhor.

Completando as conseqüências da ação moral, é possível detectar três grandes sentimentos morais: o *orgulho*, a *vergonha* e a *culpa*. O orgulho como satisfação pelo que se realizou, a vergonha como mal-estar produzido pela antecipação das conseqüências dos atos, e a culpa como dor pela realização de atos que agora desaprovamos. Estes três sentimento se entrecruzam numa infinidade de desenhos pessoais que motivam e inibem a conduta moral. Sofreram críticas devido à unilateralidade e ao exagero com os quais às vezes foram destacados e utilizados. Não é possível basear a educação moral na culpa ou na vergonha, mas também não é possível pensá-la esquecendo esses sentimentos. O desafio é ver como podemos reconhecê-los de maneira que contribuam para a construção da personalidade moral e não para a sua destruição.

Ulisses: A base de minha concepção sobre os processos de construção de valores, como escrevi nas páginas anteriores, é a íntima relação entre as projeções afetivas e a organização cognitiva dos sistemas de valores. Tentarei complementar o que afirmei trazendo algumas reflexões sobre o papel da consciência, dos sentimentos e das emoções no funcionamento psicológico.

Em publicação anterior (2003), trouxe o trabalho do neurologista Antonio Damásio e as perspectivas que adota em seu livro *O mistério da consciência* (2000, pp. 74-75). Para esse autor, entre outras características, as emoções são conjuntos complexos de reações químicas e neurais, determinadas biologicamente e dependentes de mecanismos cerebrais. Para ele, as emoções usam o corpo como teatro e afetam o modo de operação de inúmeros circuitos cerebrais. Podemos entender que as emoções são estados internos do organismo e têm um papel de regulação bastante flexível no funcionamento corporal e psíquico do ser humano. Alegria, tristeza, raiva, vergonha, culpa, ciúme e *emoções de fundo,* como calma e tensão, fazem parte de nossos mecanismos biorreguladores que, desenvolvidos filogeneticamente, visam à nossa sobrevivência e bem-estar.

E os sentimentos? Para Damásio (p. 64), o termo sentimento refere-se à experiência mental privada de uma emoção. Em organismos superiores, como é o caso do ser humano, a consciência permite que tais emoções sejam "sentidas" e, portanto, conhecidas, na forma de sentimentos.

Damásio entende as relações entre emoções e sentimentos em um *continuum funcional* em que sentimos nossas emoções e sabemos que as sentimos por meio da consciência. Assim, "a trama de nossa mente e de nosso comportamento é tecida ao redor de ciclos sucessivos de emoções seguidas por sentimentos que se tornam conhecidos e geram novas emoções, numa polifonia contínua..." (2000, p. 64).

Em seu trabalho, ele busca articular corpo e mente em uma mesma perspectiva, localizando no cérebro e em seu funcionamento neurológico e bioquímico a mente e o que pode ser chamado de consciência. Afirma que "a consciência permite que os sentimentos sejam conhecidos e, assim, promove internamente o impacto da emoção, permitindo que ela, por intermédio do sentimento, permeie os processos de pensamento" (2000, p. 80).

Esta discussão, além de permitir uma diferenciação entre emoções e sentimentos, e suas interelações, traz à tona o papel da consciência e aponta para uma perspectiva em que sentimentos e emoções exercem um papel fundamental nos processos de pensamento, ou seja, no funcionamento cognitivo humano. Tal compreensão sugere que o papel dos sentimentos e das emoções não é apenas energético e motivacional na cognição, mas organizativo do pensamento. Isso contraria a maioria das teorias psicológicas que atribuem à afetividade um mero papel motivacional ou indutor, direcionador, do funcionamento cognitivo. Com o tipo de perspectiva que adotamos, corroborada pelos estudos neurológicos de Antonio Damásio, a dimensão afetiva da psique humana participa ativamente dos processos de organização dos pensamentos, sentimentos, ações e projeções, apontando para uma possível indissociabilidade entre cognição e afetividade no funcionamento psicológico humano.

Como converter isso em práticas educacionais com vistas à educação em valores? À luz dos pressupostos de interdisciplinaridade e transversalidade abordados anteriormente, entendo que sentimentos, emoções e valores devem ser inseridos no currículo e nas práticas educativas como conteúdos escolares. Da mesma forma que aprendemos a somar, a escrever, a conhecer fatos históricos e o mundo em que vivemos, devemos conhecer a nós mesmos e àqueles com os quais convivemos. Para atingir tal objetivo, a escola deve promover atividades sistemáticas que levem cada estudante e o coletivo da classe a tomar consciência dos próprios sentimentos, emoções e valores.

Uma boa referência para esse tipo de trabalho são os livros *Falemos de sentimentos: a afetividade como um tema transversal* (Moreno et al., 1999b) e *Resolução de conflitos e aprendizagem emocional* (Sastre e Moreno, 2003). Neles, as autoras apresentam diversas propostas didáticas que perpassam as aulas de língua portuguesa, de matemática, de ciências etc., e podem levar os estudantes a conhecer o que é e como sentem alegria, tristeza, raiva e outros sentimentos cotidianos.

Nesse tipo de proposta, em que a afetividade é encarada como um tema transversal, a escola admite que tais conhecimentos são tão importantes quanto aqueles tradicionais dos currículos. A questão presente tem, pelo menos, um triplo significado: 1) Na medida em que sentimentos, emoções e valores são aspectos presentes na vida de todos os seres humanos, abordá-los na escola torna o currículo mais contextualizado no cotidiano das pessoas e dá um novo sentido à escola. 2) Ao trabalhar sentimentos, emoções e valores perpassando os conteúdos tradicionais de matemática, língua, história, ciências e artes, essas disciplinas ganham um novo significado, deixando de ser encaradas como a "finalidade" da educação, e passam a ser compreendidas como um importante "meio" para a pessoa conhecer a si mesma e ao mundo em que vive. 3) Ao adotar a perspectiva proposta, a educação articula-se com o pressuposto da indissociação entre cognição e afetividade no funcionamento psíquico.

Essa mudança curricular, além de permitir uma aprendizagem emocional importante para a resolução de conflitos cotidianos, auxilia no desenvolvimento da consciência crítica e autônoma de alunos e alunas, muito importante para a construção da cidadania.

Valéria: De um modo ou de outro, na concepção que vocês dois apresentam sobre educação em valores (neste livro e também em outros textos), é possível identificar facilmente o princípio de incerteza e os pressupostos das teorias da complexidade. No arcabouço teórico construído por vocês, ao longo de suas trajetórias como professores e pesquisadores, que relações estabeleceriam entre a educação em valores e a teoria do caos?

Puig: Meu conhecimento da teoria do caos não é suficiente para pensar que possa estabelecer relações com a educação em valores. Mesmo assim, vou me permitir fazer alguns comentários. Acho correto afirmar que o comportamento moral em determinadas situações é incerto, mas que é possível explicá-lo uma vez que ele se produziu. Por que é imprevisível e explicável? Porque, por importante que seja a reprodução de comportamentos previstos, de nenhuma maneira podemos conceder a este nível da moralidade o papel protagonista. Muito pelo contrário, o principal papel está nas mãos de cada pessoa e daquilo que entre todos nós queremos fazer. Não está decidida por antecipação a maneira como devemos viver, nem muitas vezes temos nenhuma experiência sobre o que é mais conveniente em cada situação, e tampouco queremos reproduzir formas anteriores de viver e conviver. O futuro moral não está decidido, e nem sempre o queremos tal como nos é dado. Podemos nos esforçar para dirigir a maneira como desejamos viver de acordo com nossa vontade e acordo coletivo. Trata-se de pensar a atualidade sem respostas prévias e com a responsabilidade de quem sabe que as coisas dependem daquilo que cada um decidir e fizer.

Se podemos nos questionar com liberdade sobre o que é preciso fazer, a moralidade se converte no método para fazê-lo, no procedimento para determinar em cada nova situação o que nos parece mais adequado. É evidente que não estamos diante de uma moral da obediência nem de uma moral dedutiva – a partir de certos elementos de verdade seguros podemos derivar formas concretas de vida –, e tampouco diante de uma moral aleatória de simples escolhas individuais.

É melhor caracterizar a moral como um trabalho construtivo, isto é, um trabalho comprometido com a produção de uma obra incerta: uma obra que pode reproduzir ou inovar porque não está prefixada, uma obra que depende do nosso trabalho responsável que não podemos delegar nem esquecer, uma obra que está submetida ao dever da avaliação dos resultados para que não haja nenhuma segurança intocável e uma obra que não tem fim porque a vida produz constantemente novas experiências que nos interpelam. Um dos objetivos principais da educação moral e cívica é inocular responsabilidade para fazer frente à atualidade sem repostas prontas.

Ulisses: De minha parte, considero que alguns dos pressupostos da teoria do caos, embora referenciados em modelos científicos de áreas bem distantes das humanidades, ajudam a entender os processos de construção e de educação em valores.

A teoria do caos foi proposta nos anos de 1960 e 1970 por autores como Ilya Progogine e E. Lorenz para explicar, entre outras coisas, a complexidade, as mudanças nos sistemas e os aspectos não-lineares da realidade. No fundo, o caos busca articular, dialeticamente, ordem e desordem em um mesmo sistema.

De acordo com Dyke e Escohotado, citados por Colom (2004, p. 95), embora a teoria do caos tenha surgido no campo das ciências naturais, também pode ser aplicada na compreensão da dinâmica das estruturas e dos fenômenos sociais, políticos e econômicos. Assim, Colom afirma que "tanto a física como a química, a biologia e também as ciências sociais indicam-nos que a matéria da qual é constituída a realidade não está ordenada nem obedece a leis de certeza; ao contrário, elas descobrem situações caóticas, complexas, não-previsíveis, mas que, no entanto, dão uma visão ordenada do universo".

Dentre os pressupostos clássicos dessa teoria, as condições iniciais dos sistemas, ou dos fenômenos, são altamente sensíveis aos resultados que se obtêm adiante. De acordo com Colom (2004, p. 99), citando Copeland, essa sensibilidade às condições iniciais pode ser exemplificada com uma situação em que se soltam duas cortiças de mesmo tamanho, uma encostada na outra, na margem de um rio. Depois de avançar 50 metros pela correnteza, suas posições distariam muitos metros uma da outra. A partir de um exemplo como esse, e trazendo a discussão para o tema em estudo neste livro, faço analogia com dois irmãos, gêmeos univitelinos, nascidos "quase" no mesmo momento. Um tempo depois, seus sistemas de valores serão bem diferentes um do outro, como as duas cortiças se distanciam uma da outra, o que pode ser explicado pelos pressupostos de não-linearidade e indeterminação presentes em sistemas caóticos, como os que melhor explicam os fenômenos psicológicos e sociais. Ordem e desordem se relacionam em tais fenômenos, assim como funcionam a vida e os processos de construção de valores.

Outro aspecto que nos interessa abordar rapidamente da teoria do caos é o papel que exercem os chamados "atratores", como elementos auto-organizadores do caos. Um atrator é um ponto ou foco interno que atrai o sistema para si, para o qual tende o sistema caótico e indeterminado. De certa forma, ele dá ordem ao caos. Fazendo novamente uma analogia com o que discuti neste livro, vejo os valores "centrais" dos sujeitos, aqueles imbuídos de uma forte intensidade emocional, exercendo o papel de atratores nos sistemas de valores, com acentuada influência em nossos pensamentos e ações. Apesar da indeterminação e da incerteza que configuram o funcionamento psicológico, os valores centrais da identidade exercem um papel auto-organizador, que atrai para si, direcionando nossas ações e pensamentos e dando uma ordem ao caos do *self*.

Em síntese, embora não tenha condições de aprofundar essa relação neste espaço, vejo como altamente promissora a possibilidade de estudar os processos de educação em valores e de construção de valores a partir dos pressupostos da Teoria do Caos. Temos em mãos, neste caso, um bom referencial para tentar compreender como funcionam os pensamentos e as ações humanas e como, partindo desses referenciais, podemos propor formas educativas mais eficazes para aumentar a probabilidade de que determinados valores socialmente desejáveis sejam construídos pelos sujeitos. Isso foi discutido anteriormente, mas a teoria do caos corrobora os modelos aqui apresentados. Convido outras pessoas a adentrar esse campo conceitual e teórico.

Valéria: Na vida contemporânea, quer seja no âmbito da família, da escola ou de outras instituições, é muito freqüente deparar com expressões como *crise de valores* ou *perda de valores* para caracterizar as novas gerações. Tais expressões, que denotam um "saudosismo" de uma determinada época, trazem também certa valoração que, inevitavelmente, coloca as gerações anteriores como possuidoras de valores "melhores" que as gerações atuais. Gostaria que comentassem a respeito.

Puig: Uma situação de crise é o contrário de uma situação estável e segura. Por isso as crises desencadeiam nas pessoas e coletividades que as vivem reações de bloqueio, angústia e nostalgia. Apesar dessa idéia negativa das crises e das conseqüências que costumam acarretar, achamos que a expressão "crise de valores" tem outros sentidos que vale a pena analisar. Tentaremos esclarecer isso e tirar algum proveito.

Crise de valores como insatisfação. Dizemos que uma situação atravessa uma crise de valores quando há uma distância excessiva entre os valores defendidos e os valores que imperam na realidade. Aqui a expressão "crise de valores" designa a não realização de certos valores que todo mundo acredita que é preciso defender e aplicar às diferentes facetas da realidade. Embora às vezes a distância entre os valores proclamados e os realizados se torne insustentável, a crise como insatisfação ou não consecução de um nível desejável de valores nada mais é que o estado natural em que se movem os valores. Portanto, a crise de valores como insatisfação não designa propriamente uma situação de crise estrita. Sempre gerou insatisfação a distância entre o nível real de realização dos valores e o nível desejado. Nunca conseguimos completamente aquilo que nos esforçamos para obter. É por isso que já se disse que os valores nunca deixaram de estar em crise. Portanto, a crise como insatisfação deve ser entendida como algo essencial à natureza dos valores: os valores expressam o que ainda não há.

Crise de valores como perplexidade. Aqui a crise é entendida como uma dúvida sobre que valores defender, como desconhecimento do conteúdo que é possível dar-lhes e como insegurança em relação à maneira de aplicá-los. Ou seja, a crise é vacilação e confusão. Os problemas colocados pela realidade e a falta de critérios para resolvê-los são os componentes que definem uma situação de crise de valores. Este sentido profundo e duro da idéia de crise de valores aparece quando ficam indefinidas as crenças que dão respostas e segurança aos dilemas de valor. A idéia de crise de valores acaba coincidindo com a idéia de crise de civilização: as formas de vida já não servem e os critérios que as justificam não parecem razoáveis. Mas este sentido da crise pode ter outra leitura.

Crise de valores como possibilidade. Vimos como a crise pode ser insatisfação quanto à realização dos valores desejados, pode ser perplexidade diante da falta de caminhos para conduzir de modo convicto a própria vida, mas a crise de valores pode ser também uma possibilidade que se abre para imaginar novas formas de vida e de orientação moral. As crises costumam aparecer no final de uma etapa e antes de entrar propriamente na seguinte: o passado já está obsoleto, mas o futuro ainda não é visível. Quando se está instalado numa situação de crise, os novos saberes, valores e formas de vida ainda não se cristalizaram e os velhos parecem imprestáveis. São momentos de dificuldade e incerteza, mas também são tempos abertos a novas possibilidades que nos convidam à criatividade e à mudança. Uma crise é uma oportunidade. Encarada assim, a crise de valores deveria significar maioridade dos homens e mulheres para conduzir autônoma e solidariamente suas vidas em situações mutantes. Nesse caso, deveríamos concluir com uma afirmação otimista: todos juntos podemos derrotar a desesperança e aproveitar as oportunidades para construir formas de vida mais justas e que nos tornem mais felizes.

Ulisses: Concordo que é lugar-comum hoje em dia ouvir o discurso de que vivemos uma crise de valores, ou que a sociedade atual perdeu determinados valores. O que me incomoda nesses discursos é que eles geralmente denotam um certo saudosismo, uma idéia de que a escola e a família deveriam retornar aos antigos modelos de educação, idealizados como eficientes tanto em relação aos conteúdos enfocados quanto em relação à transmissão de determinados valores alicerçados nos postulados religiosos.

Não estou de acordo com isso, pois suspeito que os valores morais transmitidos por nossos pais e avós não atendiam aos reais interesses de uma vida coletiva que se pretendia justa, democrática e solidária. Digo isso porque, quando observamos o contexto social que nos foi legado pelas gerações anteriores, o que constatamos é a injustiça e a desigualdade, atestadas recorrentemente em cada esquina deste país.

Será que o caminho a ser trilhado para enfrentar a alegada *crise de valores* pressupõe o retorno ao passado, aos modelos antigos? Até pode ser que alguns problemas contemporâneos que se manifestam por meio dos atos de indisciplina, violência e falta de limites e solidariedade por parte da juventude sejam fruto de modelos que *naturalizaram* a exclusão de idéias e pessoas, tendo na doutrina liberal/capitalista seu sustentáculo ideológico.

Os valores dos jovens de hoje são diferentes, assim como é a organização das relações no interior das famílias e da sociedade, em vários aspectos. A mudança nos processos de democratização, a organização do capitalismo e das novas formas de relação de produção, o papel das novas tecnologias na constituição da chamada sociedade do conhecimento e tantas outras características da sociedade contemporânea produziram transformações na cultura ocidental e, conseqüentemente, nas normas, regras e valores que regulam as relações sociais. Não dá para ler o mundo atual com as lentes do passado.

Neste livro, discutimos as mudanças paradigmáticas da ciência e da educação, e são evidentes seus reflexos na compreensão dos fenômenos naturais, sociais e culturais. Por isso, a busca de modelos de educação em valores coerentes com os novos tempos, e com a juventude deles decorrente, deve iniciar seu trabalho não deslegitimizando as novas gerações e seus valores, mas dialogando com as diferenças que se apresentam, numa postura construtiva que leve ao fortalecimento dos laços coletivos da vida social.

Insisto em que não se trata de querer impor às novas gerações valores absolutos, universais, calcados num passado que parecia determinado e matematizado. Mas, sem abrir mão dos valores que consideramos *universalmente desejáveis*, como os presentes na Declaração Universal dos Direitos Humanos, devemos adequar os princípios de tais valores aos novos desafios éticos contemporâneos, fazendo uma leitura deles à luz das necessidades e das demandas dos contextos locais e da vida cotidiana das pessoas. É um desafio que solicita uma postura ética, baseada no diálogo, na justiça e na democracia.

leia também

EDUCAÇÃO DE SURDOS
Regina Maria de Souza e Núria Silvestre

Quarto volume da coleção Pontos e Contrapontos, esta obra discute as consequências da inclusão da língua brasileira de sinais nos cursos de formação de professores. O tema suscita discussões: como manter o equilíbrio entre a língua oral e a de sinais? Qual a posição do implante coclear nesse processo? Podem, a escola e a família, impor ao surdo uma dessas linguagens? Livro fundamental para a era da inclusão.
REF. 10400   ISBN 978-85-323-0400-1

EDUCAÇÃO E COMPETÊNCIAS
Joan Rué e Maria Isabel de Almeida

Como o termo "competência" foi introduzido na educação? O ensino por competências representa um avanço em relação aos modelos educativos existentes? Se sim, como implantá-lo? Como formar os profissionais da educação para esse modelo de ensino? Como deve ser o sistema de avaliação nessa perspectiva? Essas e muitas outras questões são respondidas ao longo desta obra, escrita por dois grandes especialistas em educação.
REF. 10650   ISBN 978-85-323-0650-0

EDUCAÇÃO FORMAL E NÃO-FORMAL
Elie Ghanem e Jaume Trilla

Neste livro, os autores discorrem sobre os diferentes aspectos que contemplam essas duas perspectivas das práticas educativas, analisando seu aspecto histórico, social e político. Os pontos e contrapontos tecidos no diálogo estabelecido por Ghanem e Trilla sinalizam a importância da cooperação e da complementaridade entre a educação formal e a não formal, na busca de uma educação mais justa e mais democrática.
REF. 10501   978-85-323-0501-5

PROFISSÃO DOCENTE
Sonia Penin e Miquel Martínez

Partindo da premissa de que o trabalho docente se dá nos emaranhados de um contexto social e institucional, Sonia Penin, diretora da Faculdade de Educação da USP, e Miquel Martínez, diretor do Instituto de Ciências da Educação da Universidade de Barcelona, trazem elementos e perspectivas que enriquecem a análise da referida temática.
REF. 10502   ISBN 978-85-323-0502-2

----- dobre aqui -----

**Carta-
-resposta**
9912200760/DR/SPM
Summus Editorial Ltda.
CORREIOS

CARTA-RESPOSTA
NÃO É NECESSÁRIO SELAR

O SELO SERÁ PAGO POR

AC AVENIDA DUQUE DE CAXIAS
01214-999 São Paulo/SP

----- dobre aqui -----

EDUCAÇÃO E VALORES: PONTOS E CONTRAPONTOS

recorte aqui

CADASTRO PARA MALA DIRETA

Recorte ou reproduza esta ficha de cadastro, envie-a completamente preenchida por correio ou fax, e receba informações atualizadas sobre nossos livros.

Nome: _____ Empresa: _____
Endereço: ☐ Res. ☐ Com. _____ Bairro: _____
CEP: _____-_____ Cidade: _____ Estado: _____ Tel.: ( ) _____
Fax: ( ) _____ E-mail: _____
Profissão: _____ Professor? ☐ Sim ☐ Não Disciplina: _____ Data de nascimento: _____

1. Você compra livros:
☐ Livrarias ☐ Feiras
☐ Telefone ☐ Correios
☐ Internet ☐ Outros. Especificar: _____

2. Onde você comprou este livro? _____

3. Você busca informações para adquirir livros por meio de:
☐ Jornais ☐ Amigos
☐ Revistas ☐ Internet
☐ Professores ☐ Outros. Especificar: _____

4. Áreas de interesse:
☐ Educação ☐ Administração, RH
☐ Psicologia ☐ Comunicação
☐ Corpo, Movimento, Saúde ☐ Literatura, Poesia, Ensaios
☐ Comportamento ☐ Viagens, *Hobby*, Lazer
☐ PNL

5. Nestas áreas, alguma sugestão para novos títulos? _____

6. Gostaria de receber o catálogo da editora? ☐ Sim ☐ Não

7. Gostaria de receber o Informativo Summus? ☐ Sim ☐ Não

Indique um amigo que gostaria de receber a nossa mala direta:

Nome: _____ Empresa: _____
Endereço: ☐ Res. ☐ Com. _____ Bairro: _____
CEP: _____-_____ Cidade: _____ Estado: _____ Tel.: ( ) _____
Fax: ( ) _____ E-mail: _____
Profissão: _____ Professor? ☐ Sim ☐ Não Disciplina: _____ Data de nascimento: _____

Summus Editorial
Rua Itapicuru, 613 7º andar 05006-000 São Paulo - SP Brasil Tel. (11) 3872-3322 Fax (11) 3872-7476
Internet: http://www.summus.com.br e-mail: summus@summus.com.br

cole aqui